AtV

Bulat Okudshawa wurde am 9. 5. 1924 in Moskau geboren. Sein Vater, ein hoher Parteifunktionär aus Georgien, wurde 1937 hingerichtet, seine Mutter verschwand in einem berüchtigten Straflager für Frauen. Okudshawa wuchs bei seiner Großmutter im alten Moskauer Arbat-Viertel auf. 1942 meldete er sich freiwillig an die Front, wurde schwer verwundet. Nach dem Krieg studierte er in Tbilissi Philologie und arbeitete anschließend als Dorfschullehrer. Erst 1955, als seine Mutter rehabilitiert wurde, durfte auch er nach Moskau zurückkehren. Bereits 1953 veröffentlichte er erste Gedichte, bald sang er sie im privaten Kreis zur Gitarre, auf Tonbändern wurden sie im ganzen Land von Hand zu Hand gereicht. Als er 1960 zum erstenmal auftreten durfte, war er bereits weithin bekannt. Seine Popularität in der Sowjetunion ist nur zu vergleichen mit der von Brassens und Brel in Frankreich, und bald reichte sein Ruhm über die Landesgrenzen hinaus. Neben Liedern und Gedichten schrieb Bulat Okudshawa Erzählungen, vier historische Romane »Der arme Awrossimow« (1969, dt. 1970), »Merci oder Die Abenteuer Schipows« (1971, dt. 1981), »Die Reise der Dilettanten« (1978, dt. 1981), »Begegnung mit Bonaparte« (1983, dt. 1986) und einen bisher nicht ins Deutsche übersetzten autobiographischen Roman »Uprasdnjonny teatr« (1995).

Bulat Okudshawa starb am 12. 6. 1997 in Paris.

»Iwan Iwanytsch spürte, daß er angekommen war. Den ganzen Saal hatte er seiner Macht unterworfen. Als aber sein Gefühl dieser festtäglichen Herrschaft den Höhepunkt erreicht hatte, wurde er plötzlich seiner selbst gewahr, erblickte er im Halbdunkel seine verschwimmenden, von der eigenen Überhitzung schwankenden Umrisse – klein und schwächlich, mit gelichtetem Haarschopf, in zerknautschten Hosen, die ungehorsame Gitarre im Arm, mit aufgerissenen Augen, die um Gelingen flehten.«

Drei Erzählungen über Iwan Iwanytschs Aufstieg in Moskau, seine Verstrickungen in München, Siege und Niederlagen in Paris; doch dahinter steht Bulat Okudshawas eigenes Schicksal.

Bulat Okudshawa

Reise in die Erinnerung

Glanz und Elend eines Liedermachers

Aus dem Russischen
von Charlotte Kossuth

Aufbau Taschenbuch Verlag

Titel der Originalausgabe
Заезжий музыкант

Herausgegeben, mit Nachwort und
einem kommentierten Personenverzeichnis
von Leonhard Kossuth

Wir danken dem Kulturkreis der deutschen Wirtschaft
im BDI für die freundliche Unterstützung

ISBN 3-7466-1451-1

1. Auflage 1997

Umschlaggestaltung Torsten Lemme
Satz LVD GmbH, Berlin
Druck Elsnerdruck GmbH, Berlin
Printed in Germany

Inhalt

Das anrüchige Instrument

1

Iwan Iwanytsch war bereits über dreißig, als sich sein Leben jäh veränderte. Iwan Iwanytsch begann nämlich zu singen. Nein, nicht einfach zu singen – er erfand Melodien zu eigenen Versen, und heraus kam eine Art Lieder. Auch früher hatte er schon Gedichte geschrieben und einige sogar in Zeitungen veröffentlicht, aber bekannt geworden war er dadurch nicht – wer schreibt nicht alles Gedichte! Nun jedoch hatte er plötzlich zu singen begonnen. Es stellte sich heraus, daß er eine angenehme Stimme besaß, die Melodien gefällig waren, und obwohl er auf der Gitarre nur drei Akkorde spielen konnte, war an alldem wohl doch irgendwas dran, denn einige seiner literarischen Freunde waren nicht nur schlicht verwundert oder angetan, sondern sogar begeistert und baten ihn immer aufs neue, den Vortrag zu wiederholen. Zunächst amüsierte ihn das, dann aber inspirierte es ihn geradezu. Und schon schuf er neue Melodien zu einer ganzen Reihe von Gedichten, alle wurden von seinen Anhängern mit Hilfe der damals gerade aufgekommenen Tonbandgeräte aufgezeichnet, davon machten andere sofort wieder Kopien, von denen wieder andere, und so ging das immer weiter ...

Ohne die Verdienste Iwan Iwanytschs auch nur im geringsten schmälern zu wollen, muß ich bemerken, daß sein Erfolg möglicherweise weniger seiner schöpferischen Gabe zu danken war als vielmehr der seinerzeit – in den Jahren 1956/57 – im Land herrschenden Situation. Nach dem XX. Parteitag hatte sich die Gesellschaft plötzlich gespalten, alle begannen sich als Menschen zu fühlen und Verluste zu beklagen, entdeckten die Rolle des Seelischen, verloren fast den Verstand über allerlei Entlarvungen, über der Erkenntnis eigener Versklavung. Die Ketten zersprangen mit gellem Klang. Alle waren voller Kraft und Hoffnung. Plötzlich erkannten sie zahlreiche Mängel und Mißstände. Plötzlich begriffen sie, daß man so wie bisher nicht weiterleben könne, daß man anders leben müsse, würdiger und ehrenhafter. Daß man die Vergangenheit, die Lüge, die Unterdrückung, die Erniedrigung der Persönlichkeit, das Auseinanderklaffen von Wort und Tat aufarbeiten, daß man die Furcht überwinden müsse, die die Seelen zerfressen hatte. Schließlich seien wir alle Brüder, leidgeprüfte Brüder und Schwestern ... Nein, nein, ich habe nicht die Absicht, eine ausführliche Charakteristik jener Ereignisse zu geben, schon gar nicht eine philosophische Analyse des Vorgefallenen, auf gar keinen Fall. Mein Thema ist, daß Iwan Iwanytsch zu singen begann, sind Lieder ... Waren doch, obwohl sich in der Gesellschaft ein solcher Wandel vollzogen hatte, die offiziellen Lieder die alten geblieben, die aus früheren Zeiten. Unter ihnen gab es melodische, gut singbare, doch rührten sie in keinster Weise an die neue Sicht aufs Leben. Es erklangen Marschlieder, Intellektuelle sangen manchmal im Chor oder auch solo, aber das alles waren zusammengereimte Gemeinplätze aus Filmen, bisweilen alte Romanzen oder Volkslieder. Der Gipfel waren Sänger wie Utjossow und die Schulshenko. »Tüchlein, du blaues ...«, »Bist du nicht aus Odessa, Mischka?« und dergleichen. Iwan Iwanytsch aber sang erstens von sich, zweitens waren seine Lieder traurig und freimütig. Anlaß zum Traurigsein gab es genug – im Land sah es traurig aus, in seinem eigenen Leben auch, denn von Kind an galt er als Sohn von Volksfeinden. Kurz, Intellektuelle fühlten sich von ihm angesprochen, und sie reagierten lebhaft. Er war jedoch in der Partei, war während des XX. Parteitags eingetreten, weil er in der damaligen allgemeinen Hochstimmung geglaubt hatte, daß nun, da der schnurrbärtige Mörder entlarvt und angeprangert war, alles ins rechte Gleis kommen und ein neues, freies Leben beginnen würde.

Er sang also, doch riefen seine Lieder gerade bei Parteileuten merkliche Feindschaft hervor. Nicht so sehr bei den gewöhnlichen Mitgliedern, als vielmehr bei den Parteioberen. Sie meinten, für diese Zeit der allgemeinen freudigen Aufbruchstimmung sei Iwan Iwanytsch gar zu traurig und sogar dekadent, er diene der Gesellschaft nicht, spiele den Feinden in die Hand und führe in die falsche Richtung. Sie stießen sich an einem gewissen Hintersinn in seinen Gedichten, einige Worte erschreckten sie geradezu, weckten ihren Abscheu. So tauchte beispielsweise in seinen Versen das Wort »Frau« auf. Ein ganz gewöhnliches Wort. Aber in Versen, im Lied … Das befremdete sie, entsprach nicht ihren Gewohnheiten und ihrem Geschmack. Es rief allerlei schlüpfrige Assoziationen hervor, wenn statt des vertrauten, gesunden Wortes »Mädchen« oder »Mädels« auf einmal »Frau« erklang. Das empfanden sie als vulgär, als Verrat am sozialistischen Realismus. Das hatte man sie nicht gelehrt, das heißt, man hatte sie das Gegenteil gelehrt: Das Wort »Frau« hatte für sie etwas Bourgeoises an sich, erinnerte an NÖP-Sitten, klang vielleicht sogar klassenfremd. Überhaupt vermittelten Iwan Iwanytschs Verse weder Kühnheit noch unverbrüchlichen Glauben, noch fanden sich darin Aufrufe; seine Lieder waren nur voll von Anspielungen, Doppeldeutigkeiten, Trennungen, Katastrophen und Tod, Appellen an die Barmherzigkeit und völlig unnützen Auslassungen über Edelmut. Und dies alles zu einer Zeit, da der damalige Komsomolsekretär Pawlow die Jugend aufrief, stark zu sein, mannhaft, kühn und entschlossen. Kurz – die ganze Richtung von Iwan Iwanytschs Schaffen paßte den Offiziellen nicht. Für sie war er eine fremde und sogar gefährliche Erscheinung. Obendrein mißfielen den Oberen die Ironie und die Spötteleien, die sie für Ausfälle gegen sich selbst hielten – offensichtlich nicht ohne Grund. Und natürlich ärgerte sie das plötzliche und ziemlich starke Interesse, das seine Lieder bei allen möglichen Intelligenzlern, Studenten und auch bei manchen Arbeitern und Bauern weckten.

Für Iwan Iwanytsch hatte also ein neues Leben begonnen. Zu dieser Zeit aber arbeitete er in einem großen Moskauer Jugendverlag. Geleitet wurde der Verlag von ehemaligen Komsomolfunktionären, für die Iwan Iwanytschs Gesang, wie bereits gesagt, nicht ganz verständlich war. Ich will nicht behaupten, daß sie empört waren, nein, so weit ging es noch nicht, aber eine gewisse Spannung trat doch in ihre Mienen, wenn sie Iwan Iwanytsch begegneten. Sie lächelten ihn natürlich an, zeigten sich bemüht wohlwollend, doch aus ihren Augen, aus dem Lächeln sprach die quälende Frage: Paßte das zusammen – er, ein Parteimitglied und Frontkämpfer, und dann diese Gitarre, dieser Gesang, dieser Schnurrbart und all der Frauenzauber …

Ich vergaß übrigens zu erwähnen, daß Iwan Iwanytsch

eigentlich nicht Iwan Iwanytsch hieß, sondern Otar Otarytsch, denn er war seiner Herkunft nach Georgier, aber geboren war er am Arbat, aufgewachsen mit Russisch. Seine Kinderfrau Akulina Iwanowna war aus dem Tambower Gebiet gekommen, und sie hatte ihm vieles ins Herz gepflanzt, was in den folgenden Jahren nicht wieder herausgerissen werden konnte. Worauf wohl zurückzuführen war, daß nun viele Fachleute in seinen sogenannten Liedern ein starkes Element russischer Folklore, auch der alten russischen städtischen Romanze entdeckten. Wann und wie es zu dem Namenswechsel gekommen war ist schwer zu sagen, er selbst fühlte sich jedenfalls als Iwan Iwanytsch.

Er arbeitete also im Jugendverlag und war glücklich mit seinen Freunden, denn inzwischen war er nicht mehr unbekannt, und es waren einige sympathische Leute aufgekreuzt, das heißt, sie hatten es nicht auf die Bekanntheit abgesehen, die half einfach beiden Seiten, einander zu finden. Das gibt's. Er galt schon nicht mehr als Sohn von Volksfeinden. Was wollen Sie mehr? Doch das Leben ist eine harte Schule und hält viele bittere Überraschungen und Enttäuschungen bereit. So kam es plötzlich zu einem – sagen wir mal – innerbetrieblichen Zwischenfall, der Iwan Iwanytsch erschütterte. Das Lyrik-Lektorat leitete eine ältere, ernsthafte intelligente Dame. Sie war Iwan Iwanytsch wohlgesonnen. Sie entdeckte in ihm etwas Besonderes, ihr gefiel seine Offenheit, und insgeheim hielt sie ihn sogar für talentiert. Verglichen mit den ehemaligen Komsomolfunktionären, die sich im Verlag abrackerten, hatte er wirklich etwas Sympathisches und ein wenig Ungewohntes an sich, eine gewisse Ungezwungenheit, eine Art Beseeltheit, und das imponierte ihr. Daher sah sie ihm manches nach und lächelte ihm hin und wieder zurückhaltend, königlich zu. Er aber befaßte sich mit der Herausgabe von Dichtern verschiedener Nationalitäten, suchte sich Übersetzer und schloß mit ihnen Verträge ab. Nein, nicht in seine Kompetenz fiel es, zu bestimmen, welche dieser Dichter begabt und eines eigenen Sammelbandes würdig waren. Er erhielt von seiner Vorgesetzten ein Verzeichnis derer, die herauszugeben waren, und das war's. Eigentlich entschied auch sie nicht selbst, die Entscheidung trafen der Verlagsdirektor und der Cheflektor und natürlich das Zentralkomitee des Komsomol. Nach welchen Gesichtspunkten sie Talente ermittelten, blieb ein Rätsel. Und wenn Iwan Iwanytsch einen vorgeschlagenen Dichter aus den Nationalliteraturen für unbegabt angesehen hätte, dann hätte er doch den Mund halten müssen, denn ihn ging das nichts an. Die Nachdichter aber – die lagen in seiner Macht, und allmählich hatte er eine ganze Reihe von Nachdichtern herangezogen, die nur zu gern bereit waren, selbst die Untalentiertesten nachzudichten, denn leben wollen schließlich alle, und die Nachdichtungen wurden bezahlt. Ein Nachdichter – seinen Namen will ich nicht nennen – hatte Iwan Iwanytsch gelegentlich gesagt, daß er mit dem größten Vergnügen Untalentierte nachdichte, denn erstens koste das weniger graue Zellen und zweitens sei die Bezahlung immer die gleiche, ob einer nun talentiert oder total unbegabt sei. Im großen und ganzen übersetzte ein jeder, so gut er konnte. Sie wollten verdienen. Es kam schließlich vor, daß ein russischer Dichter mit eigenen Versen nicht gedruckt wurde. Mal paßte er ideologisch nicht, mal lag es an seinem Fragebogen, viele Gründe konnte es geben, da verdiente er sich sein Geld eben mit Nachdichtungen – welch ein Glück! Viele lebten in jenen Jahren vom Übersetzen. Übrigens hatte der Überfluß an Übersetzungen nichts mit den Erfordernissen des Marktes oder mit einem Überfluß an Talenten zu tun. Talente sind bekanntlich rar. Die vielen Nachdichtungen erklärten sich aus der nationalen Politik: Man wollte das Aufblühen von Dichtkunst und Kultur zur Schau stellen, mußte dem Westen zeigen: Seht, wie viele Talente es in unseren Republiken gibt! Wie weit wir es gebracht haben! Daher entstanden solche Verteilerschlüssel wie: zwei Männer, eine Frau, drei von der Werkbank, vier vom Pflug, ein Nenze, zwei Kirgisen und so weiter…

Ganz allmählich fand Iwan Iwanytsch Zugang zu literarischen Kreisen, das heißt, die Schriftsteller betrachteten ihn schon als Ihresgleichen. In seinem Adessenverzeichnis standen sowohl der blutjunge Shenja Jewtuschenko als auch David Samoilow, Jewgeni Rejn, Tolja Naiman, Shenja Chramow, Juli Daniel, Bella Achmadulina, Juri Lewitanski und viele andere junge oder bereits erfahrene Dichter. Eines Tages nun hatte die Leiterin Iwan Iwanytsch zu sich bestellt und bat ihn um das Nachdichterverzeichnis. Sie sah es lange durch, schwieg und wurde nur tiefrot. Er aber blickte sie an, und ihn durchdrangen erhabene Gefühle, war es doch angenehm, eine ältere intelligente Frau vor sich zu haben, die sensibel war und ironisch sowohl auf die ihre eigenen Nichtigkeiten maßlos wichtig nehmenden ehemaligen Komsomolzen als auch alle möglichen überheblichen und unverschämten, aus den bleiernen Wolken der Konjunktur gefallenen nationalen Autoren herabblickte, die man nicht so einfach loswurde, weil hinter ihnen die Obrigkeit und die Politik standen, denen man aber unter spöttischem Verziehen der abgeblühten Lippen, unter verwundertem Achselzucken und unter Seufzern hinterherschauen konnte, um wenigstens die eigene Würde zu wahren. Und nun sagte sie, nachdem sie das Verzeichnis durchgesehen hatte, etwas gequält und die Augen zum Fenster gewandt: »Ein sonderbares Verzeichnis ...«

»Wieso sonderbar?« Iwan Iwanytsch begriff nicht. »Vielleicht hätte ich es auf einem Kopfbogen tippen sollen?«

»Ja, verstehen Sie denn nicht?« fragte die Leiterin, nun schon ganz zum Fenster abgewandt. »Sonderbar. Da, sehen Sie: Juri Lewitanski ...«

»Ja«, sagte Iwan Iwanytsch.

»Oder beispielsweise David Samoilow ... David ...«

»Ja«, sagte Iwan Iwanytsch.

»Und dann noch Juli Daniel ...« Sie sah ihm in die Augen. »Jewgeni Reijn ...«

»Ja und?« fragte Iwan Iwanytsch. »So stehen sie im Nachdichterverzeichnis ... Einer immer besser als der andere ...«

»Oder Naiman ... Tolja ...«

Eine gewisse Spannung entstand.

»Übersetzen sie denn schlecht?« fragte er verwundert.

»Ich denke schon«, sagte sie und errötete noch tiefer.

»Da bin ich nicht Ihrer Meinung«, entgegnete Iwan Iwanytsch, der noch immer nichts verstand, »das sind doch ausgezeichnete Dichter.«

Sie schwiegen eine Weile.

»Meinen Sie nicht, daß zu viele Juden in dem Verzeichnis sind?« fragte sie schwer atmend.

»Was?!« Iwan Iwanytsch wurde dunkelrot.

»Da, sehen Sie ...« Sie hielt ihm das Verzeichnis vors Gesicht, »sehen Sie doch selber noch mal hin, sehen Sie ... Es sind zu viele ... und die guten russischen Nachdichter gehen zu anderen Verlagen ...«

»Was sagen Sie?« stieß Iwan Iwanytsch hervor. »Ist denn das ein Maßstab ...«

»Wir sind ein russischer Verlag«, erwiderte sie, immer noch schwer atmend, »ich habe ja nichts dagegen, aber die Proportionen müssen stimmen ... Der Direktor ist damit sehr unzufrieden ... so sieht das aus ...«

Zeugen waren bei dem Gespräch nicht zugegen. Iwan Iwanytsch rannte zum Direktor. Er rannte den großen Flur entlang. Zuerst rannte er, dann ging er langsamer, immer langsamer, dann setzte er sich auf ein Sofa ...

Schweiß trat ihm auf die Stirn, die Wangen brannten. Warum zögerte er? Warum stürmte er nicht ins Dienstzimmer des Direktors? Das hatte seinen Grund: Vor kurzem erst war er wegen irgendeiner betrieblichen Angelegenheit in dieses Zimmer gerannt, hatte mit den Armen gefuchtelt und gebrüllt, hatte über seine Betroffenheit über etwas Unbedeutendes, Nichtiges, Zweitrangiges lamentiert – er, schrie er, Iwan Iwanytsch, sei mit der Verfügung der Administration nicht einverstanden, denn sie sei ungerecht, sogar ungesetzlich, würde die Ehre eines Mitarbeiters verletzen und dergleichen, zornig und laut.

Vor ihm hatte der Direktor gesessen, ein hagerer, ausgemergelter, älterer Mann mit eingefallenen Wangen. Seine Augen waren kalt, sie durchbohrten ihn, die Lippen zeigten verächtlichen Widerwillen.

»Warum zappeln Sie so rum?« fragte er leise und unheilvoll.

Iwan Iwanytsch erstarrte, verstummte, beruhigte sich sogar, wußte nicht, wohin mit den Armen, die immer noch in Bewegung waren. Er wollte erklären, worum es ihm ging, aber der Direktor sagte noch leiser: »Gehn Sie ... Das regeln wir ohne Sie.«

Im Nu befand sich Iwan Iwanytsch wieder im Vorzimmer, voller Haß auf den Beleidiger und voller Verachtung gegen sich selbst.

Jetzt, auf dem Sofa, fiel ihm das alles wieder ein, fiel ihm das verzerrte Gesicht seiner Vorgesetzten ein, und plötzlich tat sie ihm leid, sie, die sich solche schrecklichen Worte abgequält hatte, diese Intellektuelle, die Tochter eines vor kurzem noch bekannten Schriftstellers ... Natürlich hatte sie das nicht von sich aus gesagt, offenbar hatte sie dabei das ausgemergelte Gesicht des Direktors vor sich gesehen, seine stählernen, durchdringenden Augen, und sie hatte wie aufgezogen Iwan Iwanytsch die allerhöchste Meinung vorgetragen, jämmerlich bemüht, sie für die eigene auszugeben. Zweifellos war dem so. Zugleich aber, auf dem Sofa, fiel ihm ein, wie einmal, als sie im Dienstzimmer des Direktors den üblichen verlegerischen Kleinkram erörterten, plötzlich ein Sondertelefon klingelte und der Direktor nach dem Hörer griff. Iwan Iwanytsch hatte sich folgendes Bild dargeboten: Der Direktor sprang vom Sessel auf und nahm Haltung an. Er erbleichte und murmelte stotternd: »Ja ... jawohl ... Verzeihung ... wird gemacht ... Verzeihung ... jawohl ... Sie können sicher sein ... hab ich nicht durchschaut ... Verzeihung ...« Er hatte versucht, sich groß, wie er ohnehin war, ganz hoch aufzurecken, den Kopf aber hatte er zwischen den Schultern eingezogen, das furchtgebietende, undurchdringliche, ausgemergelte Gesicht sah verloren aus, und auf der Stirn glänzten Schweißtröpfchen. Alle Anwesenden hatten mit angehaltenem Atem seinen jämmerlichen Worten gelauscht. Dann hatte er den Hörer aufgelegt und sich schwer in den Sessel zurückfallen lassen. Sein bleiches Gesicht war grün geworden. Die Finger waren plötzlich tastend über den Tisch gefahren. Jemand hatte ihm hastig Validol gereicht, Wasser eingegossen ... Er hatte Iwan Iwanytsch leid getan ...

Iwan Iwanytsch sang also seine Gedichte, ertrug die Mißstände des Alltags, doch je mehr er sang, desto öfter stieß er auf Widerstand, desto öfter tauchten Hindernisse auf. Die Folge war, daß sich auf sein sympathisches junges Gesicht eines Tages der Schatten von Betroffenheit legte – er prägte sich darauf aus und blieb. Iwan Iwanytsch war weder leichtsinnig noch gleichgültig, im Gegenteil, nichts um ihn herum ließ ihn unberührt, alles erregte ihn, traf ihn selbst ins Herz, aber – sei es wegen seiner Herkunft oder wegen irgendwelcher individueller Züge – ihm war zugleich eine Art Distanziertheit eigen, die Fähigkeit, manches abzuschütteln und im verborgenen nüchtern zu bleiben, ein gewisser Starrsinn – und all das half ihm, sich selbst treu zu bleiben, nicht das Gesicht zu verlieren und sich über die Mißstände des Alltags hinwegzusetzen. Vielleicht werden Sie sagen, er sei ein Egoist gewesen und ihn habe nichts interessiert als das eigene Leben. Vielleicht haben Sie bis zu einem gewissen Grade sogar recht: Ja, Egoismus war ihm nicht fremd, er diente ihm sogar als Mittel der Selbsterhaltung, aber wer ist davon frei? Vielleicht fanatische Altruisten, Wahnsinnige, seltene Exemplare, für die man sich aus irgendeinem Grund zu begeistern pflegt, denen zu folgen jedoch nicht ungefährlich und einfach dumm ist. Nein, Iwan Iwanytsch war weit davon entfernt, ein solches Musterexemplar zu sein, er war ein gewöhnlicher Mensch und bis zu einem gewissen Grade sogar ein Spießer, wenn auch nur ein kleiner. Er konnte die Dinge durchaus mit Toleranz und voller Anteilnahme betrachten, ihn bewegte nicht nur das eigene Schicksal. Er war in Maßen gütig, großherzig, duldsam gegenüber fremden Sünden, und sicherlich hatte er nicht zufällig viele Gefährten und einige wahre Freunde, die ihm seine Schwäche und Verfehlungen verziehen. Ich möchte ihn aber nicht als völlig banal und durchschnittlich darstellen. Jetzt, nach über dreißig Jahren, entdecke ich an ihm eine sympathische Besonderheit, nämlich daß er sich von vielen anderen durch spürbare Selbstironie hervortat. Das war gottbewahre nicht die übliche, weitverbreitete, zur Schau gestellte Selbsterniedrigung – seht doch nur, wie komisch ich bin, wie tolpatschig, da, schaut ... Nein, das war eine tiefinnere Eigenart, die er nicht groß herausstellte, eine Besonderheit sozusagen zum Hausgebrauch.

Aber nicht wegen dergleichen abstrakten Charakteristika habe ich zur Feder gegriffen. Ohne ihnen eine gewisse Bedeutung absprechen zu wollen, wende ich mich lieber wieder der Gitarre zu, einem nach damaliger Vorstellung anrüchigen Instrument, denn sie verkörperte, wie man meinte, spießige, kleinbürgerliche Haltungen und diente mit ihrer Rührseligkeit nicht der kühnen Vorwärtsbewegung. Iwan Iwanytsch aber kümmerten solche Ansichten nicht. Er war ein Kind seiner Epoche und genierte sich sogar, zur Gitarre zu singen, doch er wollte singen, und andere Instrumente als die Gitarre beherrschte er nicht. Er genierte sich übrigens auch, einen Ehering zu tragen, warum, wußte er nicht, aber er genierte sich eben.

Kurz gesagt, er hatte etwa ein Dutzend Lieder geschrieben, als das Telefon klingelte und ein Unbekannter sehr liebenswürdig und vorsichtig fragte, ob Iwan Iwanytsch nicht bereit wäre, zu ihm in die Wohnung zu kommen und ein paar Leuten seine Lieder vorzusingen. Iwan Iwanytsch war zunächst verblüfft. Das kam so überraschend, doch alsbald fing er Feuer, das Angebot erschien ihm schmeichelhaft – warum sollte er nicht singen? –, und er sagte zu. Sie verabredeten sich für sieben Uhr, und um sieben betrat Iwan Iwanytsch mit seiner Gitarre die unbekannte Wohnung. Stille, sympathische Leute hießen ihn willkommen – wie sich später herausstellte, Ingenieure, Philologen, Ärzte, an die fünfzehn Personen. Vorwiegend Männer, doch es gab auch einige Frauen. Alle waren leicht verlegen. Iwan Iwanytsch ebenfalls. Da bemerkte er einen gedeckten Tisch, und um den bewegten sich alle, während sie ihm freundlich zulächelten. Auf dem Tisch ragten zwei Flaschen Wodka und eine mit trockenem Wein empor, daneben standen ein Teller mit belegten Schnittchen, eine Schüssel mit Salzgurken und natürlich Brot. Bescheiden, wohlanständig, vor allem aber unentbehrlich, um eine gewisse Spannung zu überwinden, die mit Iwan Iwanytschs Erscheinen aufgekommen war.

Dann setzten sich alle, ein Trinkspruch wurde ausgebracht, alle tranken und bissen in die knackigen Gurken. Alle waren sehr nett, es ging ruhig und schlicht zu, doch hinter diesem häuslichen Glück gewahrte Iwan Iwanytsch verborgene Feuer, die Verwunderung und Unruhe signalisierten, die Vergänglichkeit dessen, was vor sich ging, und er war wie alle anderen leicht nervös. Während er an der zwanglosen Unterhaltung teilnahm, dachte er darüber nach, daß diese Vergänglichkeit ihnen allen im Gesicht geschrieben stand, ihm wahrscheinlich auch. Sie alle waren offensichtlich gleich alt, einige hatten im Krieg gekämpft, alle aber hatten sie dieselbe Schule durchlaufen, die hart war und erbarmungslos. Wie hatten sie die nur überlebt? Woher nahmen sie die

Kraft, so selbstvergessen auf die sich auftuende Tür der Hoffnungen zuzustürzen? Die Schatten der Verluste, der Furcht, der Erniedrigung schwanden langsam von ihren Gesichtern. Wie hatten sie sich bewahrt? Man hatte sie zu zivilisierten Sklaven erzogen, die nicht selbständig denken können, man hatte nichts unversucht gelassen, damit sie so wurden, und viele hatten nicht widerstanden; doch welche Überraschung – manch einer war unversehrt geblieben. Alles schien schon zu Ende gewesen zu sein, aber kaum waren die Worte einer kleinen Wahrheit erklungen – wo kam das alles nur her? Offensichtlich ist die Natur doch stärker als viele falsche Theorien, grausame Diktaturen und tröstende Lüge ...

Da saßen sie nun also am Tisch, die Kinder des XX. Parteitags, wie man sie später nennen würde, Schulter an Schulter, so als würden sie die verlorengegangene Kunst wiederentdecken, einander zu erkennen und zu verstehen, sich an verwegener Offenheit zu erfreuen, die Furcht zu verachten und an Wunder zu glauben. Dann griff Iwan Iwanytsch zur Gitarre. Alle verstummten. Er begann zu singen.

»Schaltet das Tonbandgerät ein!« flüsterte jemand.

Nach dem ersten Lied herrschte lange Schweigen, dann stieß jemand mit einem lauten Seufzer hervor: »Tja, das Schicksal ...«

Iwan Iwanytsch sang ein zweites Lied, dann ein drittes, ein viertes, und während er, den Kopf in den Nakken geworfen und niemanden anblickend, sang, spürte er, wie der Kreis der Versammelten enger wurde, und ihm schwindelte ein wenig, aber nicht vom Alkohol, sondern von dem Gefühl, einer geheimen Bruderschaft anzugehören. Am liebsten hätte er ihnen zugeflüstert: Brüder und Schwestern, laßt uns zusammenbleiben!

Während er das nächste Lied beendete, warf er einen verstohlenen Blick auf die Sitzenden, und Freude erfüllte ihn, daß seine Worte solchen Eindruck machten. Vor ihm saß eine Frau und sah ihn mit großen dunklen Augen an. Sie war nicht schön und doch wunderbar. Und sie lächelte in sich hinein. Nicht der Stolz, all das bewirkt zu haben, ergriff von Iwan Iwanytsch Besitz und inspirierte ihn, sondern das Bewußtsein, einer von ihnen zu sein, mit ihnen allen ein Ganzes zu bilden, das viel durchlitten, aber die menschliche Würde nicht verloren hatte.

In den Pausen zwischen den Liedern seufzten sie, sprachen gedämpft miteinander, sahen ihn verliebt an. Was ist das nur? dachte Iwan Iwanytsch und strich zärtlich über die Saiten. Wie sonderbar und schön. Als er alle seine Lieder gesungen hatte, begannen sie sich wieder laut zu unterhalten. Sie tranken noch ein wenig auf Iwan Iwanytschs Gesundheit, und eine Blondine, sie war wohl Ärztin, fragte ihn: »Ist Ihnen klar, was das für uns bedeutet?«

»Ich weiß nicht«, sagte er aufrichtig, »ich möchte einfach sagen ... nein, darüber habe ich noch nicht nachgedacht, aber wenn es Sie interessiert ...«

»Da ist alles ganz einfach«, sagte einer der Gäste, »einfacher geht's nicht. Also zum Beispiel Moskau, Mitternacht, die Einsamkeit, vage Hoffnungen und weiter nichts ... alles einfach. Oder Krieg, Trennung, der ganze Wahnsinn, Tod ... aber in dieser Schlichtheit ... oder zum Beispiel der Trompeter mit dem spitzen Ellenbogen ... warum hat er ausgerechnet einen spitzen Ellenbogen? Aber alles stimmt, verzeihen Sie, daß ich so verworren rede ... Alles ist genau getroffen, die Stimmung, alle möglichen Assoziationen ...«

»Hauptstadt, du meine teure!« stimmte jemand an.

»Sei still!« rief ihm einer zu, und alle lachten.

Natürlich, jetzt wirkt das lächerlich, dabei war das einfach ein Ausruf aus einem bekannten Lied. Was noch vor kurzem überall voll Rührung und Begeisterung gesungen wurde, klang nun wie eine Parodie. Alles hatte sich eben verändert, auch Moskau. Die Augen hatten sich geöffnet, und sichtbarer, aus dem Nichts aufgetaucht waren nun Moskaus Seitengassen, die Gemeinschaftswohnungen, die Wanzen und Schaben, die verräucherten Bierkneipen im Dämmerlicht, die Furcht in den Blicken und die Hoffnungslosigkeit des Daseins. Und all das wurde weder durch den Kreml aufgewogen, noch durch den Roten Platz, noch durch die neuen Prospekte, die neuen Brücken.

Im Gegenteil, in Moskau hatte sich das einstige langanhaltende Unheil gewissermaßen konzentriert und festgesetzt. Nein, Iwan Iwanytsch analysierte all das nicht, verallgemeinerte nichts. Er war ein Bestandteil der großen Stadt, hatte sich diesem Leben angepaßt. Aber offensichtlich war das Menschliche in ihm nicht restlos bezwungen, es protestierte und leuchtete wie das Weiße im Auge.

»Jetzt begreife ich, bis zu welchem Grade wir voneinander isoliert waren«, sagte eine Brünette, »noch vor zwei, drei Jahren ... Nun stellt sich heraus, daß wir doch zueinanderfinden können, und das ist gut ...«

»Ich fürchte, dem einen oder anderen wird das nicht gefallen«, sagte ein Gast.

»Wem denn? Wem?«

»Denen ...«

»Wem – denen?«

»Na denen eben.« Er lachte. »Denen, die eine Gefahr darin sehen, wenn Menschen miteinander reden; wenn wir uns nämlich treffen, beginnen wir zu denken, obendrein laut, beginnen wir zu urteilen ...«

Sofort wandte sich die Unterhaltung Dudinzews Roman »Der Mensch lebt nicht vom Brot allein« zu, weniger dem Roman selbst als vielmehr der Reaktion seiner Leser, denn in der Universität hatte bei der Diskussion darüber ein regelrechter Aufruhr begonnen, es war schon nicht mehr um die Sache gegangen, sondern um deren Ursache. Überhaupt geriet der Roman mehr und mehr in den Hintergrund, und man ging zu ketzerischen Fragen über, die nun schon politischen Charakter hatten ... Die Studenten schrien, die Verwaltung machte sich in die Hosen, einige blutjunge Leute begriffen offensichtlich genau, worum es ging, Dummköpfe gab es da nicht, dafür sehr schroffe Äußerungen.

»Man wird wieder anfangen, Leute einzusperren«, sagte einer der Gäste.

»Aber die Zeiten haben sich doch geändert«, wurde geantwortet.

»Die Maschinerie ist die gleiche.« Finsteres Lächeln in einer Ecke. »Es knarrt ein wenig im Gebälk, aber es ist die alte ...«

»Mir hat übrigens ein Gutinformierter gesagt, unter Stalin seien zehn Millionen Repressalien unterworfen gewesen.«

»Nicht zehn – zwanzig«, verbesserte ihn ein anderer.

»Du übertreibst.« Am Tisch erscholl Gelächter.

Alle zusammen begleiteten sie Iwan Iwanytsch zur Tür, drückten ihm die Hand, riefen ihm etwas zu, wünschten ihm Glück und verabredeten ein neues Treffen. Die Luft war von einem anregenden Fluidum gesättigt, in dem engen Vorzimmer drängt sich ganz Moskau zusammen, sein bester Teil, dachte Iwan Iwanytsch. Namen behielt er nicht im Gedächtnis, so sehr er sich auch bemühte, auch die Adressen nicht. Als wäre nichts gewesen. Dabei hatte es das doch gegeben, wirklich. Noch am nächsten Tag hatte er sie alle um seinen Schreibtisch im Verlag versammelt gesehen – ihre Gesichter, bald deutlich, bald verschwimmend, ihre Silhouetten, sogar ihre begeisterten und erregten Stimmen drangen an sein Ohr ...

Gegen Ende des Arbeitstages klingelte das Telefon, und ein unbekannter Bürger schlug Iwan Iwanytsch vor, abends zu ihm zu kommen und dort seine Lieder zu singen ... Das war schon am anderen Ende Moskaus. Natürlich willigte Iwan Iwanytsch ein. Auch in dieser Wohnung war es dasselbe – die gleichen Unterhaltungen, die gleichen Ausrufe und Seufzer, nur die Leute waren andere als am Vortag, und das Tonbandgerät war ein anderes. So fuhr er umher. Eines Tages aber geschah etwas Komisches. Nachdem er sich wieder einmal in einem netten Haus verabschiedet hatte und mit seiner Gitarre ins mitternächtliche Moskau hinausgetreten war, fiel ihm, während die Begegnung in ihm nachklang, plötzlich ein, daß ihm der Hausherr, ein bekannter Wissenschaftler, bei der Verabschiedung im Vorzimmer seltsam geschäftig erst auf die Schulter und dann auf die rechte Seite geklopft hatte, als wollte er sich vergewissern, daß er auch keine Waffe bei sich trug. Während er Iwan Iwanytsch allerlei geschraubte Komplimente machte, hatte er ihn abgetastet. Nun, schon auf der Straße, erinnerte er sich an all das. Iwan Iwanytsch griff in die Tasche und zog einen roten Dreißigrubelschein heraus. Er fühlte sich erbärmlich, errötete und wollte schon losstürmen, um ihn zurückzugeben und irgendwas Schroffes und Überzeugendes zu sagen, erinnerte sich aber wie gewöhnlich nicht an die Adresse, wußte weder die Wohnung, noch das Stockwerk, noch den komplizierten Namen des Wissenschaftlers. In diesem Augenblick tauchte ein nächtliches Taxi auf, Iwan Iwanytsch fuhr komfortabel nach Hause, beruhigte sich und dachte sogar, daß ehrlich verdientes Geld schließlich keine Schande ist. So fuhr er nun Tag für Tag, Monat für Monat zu verschiedenen Adressen, in seinem immer gleichen grauen Boucléjackett, mit Schnurrbart und dem noch recht dichten Haarschopf, ein ehemaliger Frontkämpfer, Parteimitglied, das kleinbürgerliche Instrument unterm Arm – fuhr mit der Metro, mit dem Trolleybus, bisweilen mit dem Taxi, und keiner der Vorübergehenden kannte ihn und oder gar seine Vergangenheit.

Auf dem Höhepunkt dieser seiner sonderbaren Tätigkeit wurde er überraschend ins Moskauer Stadtparteikomitee bestellt.

Der Leiter der Kulturabteilung wuchtete sich aus dem Sessel hinter einem riesigen Tisch. Ein Riese, mit etwas gekrümmtem Rücken, im schwarzen Anzug mit Krawatte, kam er Iwan Iwanytsch entgegen und reichte ihm die breite heiße Hand.

»Otar Otarytsch! Endlich sehen wir uns. Überall höre ich nur ›Otar Otarytsch‹, ›Otar Otarytsch‹, aber unsere Wege kreuzen sich nicht. Was soll denn das, frage ich Sie? Setzen Sie sich doch bitte, ja, so ...« Er ließ sich selbst geschickt in den Sessel fallen.

Iwan Iwanytsch hatte sein Boucléjackett an, trug keine Krawatte und war überhaupt nicht vorbereitet auf so eine pompöse Begegnung. Dieser Empfang entmutigte ihn geradezu. Er hatte mit Zurechtweisungen gerechnet, mit unheildrohenden Ermahnungen, und nun das. Der Leiter begann ihn über dies und das auszufragen, über allerlei Kleinigkeiten, doch dabei sah Iwan

Iwanytsch seine großen, verständnislosen blauen Augen und geriet ein wenig in Verwirrung. Diese Augen blickten Iwan Iwanytsch so an, als hätten sie zuvor nie dergleichen gesehen, voll Neugier, Staunen und sogar Furcht. Wieso Furcht? dachte Iwan Iwanytsch. Erst viele Jahre später erschloß sich ihm allmählich der Gemütszustand des Leiters, zwanzig Jahre aber sollten vergehen, bis er sich selbst mit den Augen des Chefs sehen lernte: Also wirklich – dieses graue Jackett, dieser Schnurrbart im schmalen Gesicht, und plötzlich ist das ein Kommunist, der zur Gitarre allerlei dekadentes Zeug singt, diese nölende Intonation. Nein, das war kein Pawel Kortschagin, kein Oleg Koschewoi* – aber Anlaß genug, auf der Hut zu sein. Der Leiter demonstrierte beflissenes Wohlwollen.

»So also sehen Sie aus, Otar Otarytsch!« rief er leise. »Ich hatte Sie mir groß und breitschultrig vorgestellt! Was macht die Arbeit?«

In diesem Augenblick betraten betont akkurat zwei Leute das Dienstzimmer. Ein Mann und eine Frau. Der Mann war der Stellvertreter des Leiters, die Frau Instrukteurin beim Stadtparteikomitee. Der Bürochef lächelte breit und stellte sie einander vor. Der Stellvertreter war schon älter und griesgrämig. Er trug gleichfalls einen schwarzen Anzug. Er nickte zu den Reden des Leiters und ließ Iwan Iwanytsch nicht aus den Augen.

»Sergej Mitrofanytsch hat eine Musikfachschule besucht«, sagte der Leiter über seinen Stellvertreter. »Er kennt sich in der Musik hervorragend aus, liebt über-

* Die Zentralgestalten der Romane »Wie der Stahl gehärtet wurde« von N.Ostrowski bzw. »Die junge Garde« von A.Fadejew, in der Sowjetunion als Vorbilder für die Jugend propagiert. (Anm. des Hrsg.)

haupt die Musik, nicht nur Sie sind also Musiker, Otar Otarytsch, nicht nur ...«

Iwan Iwanytsch lächelte gequält.

»Und unsere Ljubow Petrowna ist fast eine Schriftstellerin.« Der Leiter lachte. »Sie hat an der Literaturfakultät studiert, Sie sehen, Otar Otarytsch, wir haben nur studierte Leute, sind nicht von gestern, Otar Otarytsch.«

Alle drei musterten Iwan Iwanytsch ungeniert, nicht mit leerem Städter-Interesse, sondern eingehend, zudringlich, voreingenommen, und Iwan Iwanytsch prägten sich die zu einem höflichen Lächeln gekräuselten Lippen und die starr auf ihn gerichteten mißbilligenden Augen tief ein.

»Für was halten Sie sich eigentlich selber?« fragte der Leiter. »Was sind Sie – Komponist, Dichter, Sänger?«

»Was bin ich schon für ein Sänger«, sagte Iwan Iwanytsch spöttisch lächelnd. »Weder Sänger noch Komponist. Von wegen Komponist – ich kenne ja nicht mal Noten. Ich schreibe einfach Gedichte ...«

»Aber Sie singen doch, Otar Otarytsch, spielen Gitarre ...«

»Und schreiben dazu Musik«, ergänzte Ljubow Petrowna.

»Das ist doch keine Musik«, versicherte Iwan Iwanytsch listig, »nur eine Art Begleitung.«

»Und wen ahmen Sie nach? Etwa Dunajewski?« fragte Sergej Mitrofanytsch mit professionellem Lächeln.

»Nein«, entgegnete Iwan Iwanytsch verdutzt. »Ich ahme nicht nach.«

»Wen dann?«

»Niemanden.«

»Zu Unrecht«, rief Sergej Mitrofanytsch verwundert.

»Dunajewski sollten sie nacheifern, das ist ein guter Komponist, ein preisgekrönter.«

Da fiel Iwan Iwanytsch ein, wie vor vielen Jahren die Redaktion einer Jugendzeitung einen Literaturzirkel gegründet hatte. Er war als Schüler dahin gekommen. Die erste Versammlung vereinte sehr unterschiedliche Leute. Sie alle schrieben ein wenig, waren vom Schaffensdrang gepackt. Damals hatte der Chefredakteur der Zeitung zu ihnen gesagt: »Habt ihr Simonow gelesen? Gefällt er euch? Na klar ... Dann nehmt ihn als Maßstab. Ihr braucht euch gar nichts auszudenken oder etwas zu erfinden. Schreibt so, wie er schreibt.« Das klang beeindruckend. Nur ein Kleingläubiger hatte leise gekichert, die übrigen wahrten ehrfurchtsvolles Schweigen.

Und nun Dunajewski.

Iwan Iwanytsch wischte sich mit dem Taschentuch den Schweiß von der Stirn und dachte, sein Leben gewinne eine neue Qualität, etwas zuvor Unbekanntes dränge sich da herein, ein Unbekannter habe ihm seine übelwollende Aufmerksamkeit zugewandt...

»Wir haben uns hier Ihre Lieder angehört, Otar Otarytsch«, sagte der Leiter, »und uns scheint, Sie haben sich ein wenig vom Leben entfernt, bei Ihnen klingt alles irgendwie zu traurig, entspricht nicht unserer Zeit...«

»Unserer heroischen Zeit«, warf Ljubow Petrowna ein.

Plötzlich spürte Iwan Iwanytsch, daß seine wunderbare Eigenschaft, alles leicht spöttisch abzutun, dahin war. Er versuchte die Lippen ironisch zu schürzen, doch in seinem Herzen herrschte Leere, und er wußte nicht, wie er ihnen antworten sollte. Sie werden es sowieso nicht begreifen, dachte er, als er ihre Augen sah.

»Aber der XX. Parteitag?« sagte er ohne Hoffnung. »Ist denn nicht traurig, was wir durchgemacht haben?«

»Was durchgemacht? Was durchgemacht?« fragte Ljudmila Petrowna. »Wer hat was durchgemacht? Na schön, wir haben es durchgemacht … und jetzt wollen wir erst recht die Ärmel hochkrempeln.«

»Richtig.« Der blauäugige Leiter lachte auf. »Die Ärmel … Trotzdem – reden wir über Lieder …«

»Dunajewskis Musik ist frisch und mobilisierend«, sagte Sergej Mitrofanytsch. »Es ist unrecht, daß Sie ihm nicht nacheifern, sehr unrecht …«

»Und in Ihren Texten«, sagte Ljudmila Petrowna, »habe ich allerlei Anspielungen entdeckt, und wenn schon keine Anspielungen, dann doch einen gewissen Hintersinn. Unsere Jugend findet dazu keine Beziehung. Junge Leute haben zu mir gesagt, sie seien damit nicht einverstanden, das sei ihnen fremd …«

»Dann sollen sie eben nicht zuhören.« Iwan Iwanytsch wurde böse. »Für sie schreibe ich ja nicht.«

»Für wen dann?« Der Leiter lachte.

»Für meine Freunde«, sagte Iwan Iwanytsch. »Denen gefällt es.«

»Und wer sind Ihre Freunde, wenn ich fragen darf?« wollte Sergej Mitrofanytsch wissen.

»Nette Leute«, sagte Iwan Iwanytsch achselzuckend.

»Sind darunter auch Arbeiter?« erkundigte sich der Leiter einschmeichelnd. »Nein, Otar Otarytsch, Arbeiter nehmen diese Kunst nicht an …«, er zog eine finstere Miene, »aber städtische Gecken verschiedener Art, allerlei Gauner, Renegaten, die scharwenzeln um Sie rum, die mögen keinen Honig, Erdbeeren müssen es sein …«

Ljubow Petrowna seufzte schwer.

»Ich begreife nicht«, sagte Iwan Iwanytsch erregt, »was werfen Sie mir eigentlich vor? Ich schreibe, so gut ich kann, und denke, wie ich kann, Sie aber halten über mich Gericht. Dränge ich mich denn jemandem auf?«

»Sie ziehen in die falsche Richtung«, sagte Sergej Mitrofanytsch und sah den Leiter an.

»Sie sind doch Parteimitglied«, sagte Ljubow Petrowna und tat so, als ob sie lächle.

Da wurde Iwan Iwanytsch böse, hätte am liebsten geschrien: Geht doch zum Teufel!, doch er sagte leise, betreten lächelnd: »Ich weiß nicht, vielleicht haben Sie recht.«

»Na also ...« Der Leiter lachte erleichtert. »Da sehen Sie, Otar Otarytsch, wie das alles ...«

Alle lächelten.

»Sie haben da übrigens ein Liedchen, wie ein Junge in den Krieg zieht ... na der ... wie hieß er doch ...«

»Ljonka vielleicht?« fragte Sergej Mitrofanytsch.

»Ach ja«, sagte Ljudmila Petrowna, »er ist gefallen, und es gibt niemanden, der ihn beweinen könnte. Wie kann denn das sein?«

»Also, Genossen ...« Sergej Mitrofanytsch breitete die Arme aus.

»Sehen Sie«, sagte Iwan Iwanytsch, »das war mein Freund, er ist wirklich gefallen, und niemand konnte ihn beweinen – eine Braut hatte er nicht ...«*

»Aber es sind doch nicht alle gefallen.« Der Leiter lachte auf und kniff ein blaues Auge zusammen. »Und dann, wieso konnte ihn niemand beweinen? Dieser oder jener ist doch am Leben geblieben, nicht wahr, Otar Otarytsch? Und der Komsomol? Die Gewerkschaft? Überhaupt Menschen, Freunde ... Sie selbst, wir, ist's

* Gemeint ist Bulat Okudshawas »Lied über Ljonka Koroljow« – auch im nächsten Dialog, wo von Ljowka Kurawljow gesprochen wird. (Anm. des Hrsg.)

nicht so? Wir leben doch noch, hab ich recht, Otar Otarytsch?«

»Ich denke, man darf dieses Lied nicht vortragen«, sagte Sergej Mitrofanytsch finster, »wirklich nicht. Es gibt der Jugend eine falsche Orientierung.«

»Otar Otarytsch begreift das doch selber. Stimmt's, Otar Otarytsch?« sagte der Leiter. »Haben Sie eigentlich schon vom Neuland gehört? Welch ein Enthusiasmus, nicht wahr?«

»Ja«, sagte Iwan Iwanytsch. Er wußte vom Neuland. Darüber wurde gesprochen und geschrieben. Der Äther war überschwemmt von munteren Liedern. In einem hieß es: »Freunde, reicht die Hand, wir fahren auf fernes Land, machen es als neue Siedler unionsbekannt.« Er sah die Gesichter seiner Freunde vor sich. Darauf stand Widerwillen.

»Wenn Sie mit Ihrem Talent«, sagte der Leiter, »ein Lied beispielsweise übers Neuland schreiben würden, ein frisches Lied, verstehn Sie, eins, das dahin ruft – Sie wären unbezahlbar, na, Otar Otarytsch?«

»Ich werd's mir überlegen«, heuchelte Iwan Iwanytsch.

Dank einem gewissen Leichtsinn hatte er den Verstand nicht verloren, obwohl in seinem Innern Stürme tobten und er Teufelswerk ahnte.

Sie verabschiedeten sich freundschaftlich, obwohl ein jeder gern noch etwas Wichtiges und Gepfeffertes gesagt hätte, doch die gute Erziehung bezähmte solche Anwandlungen. Ljubow Petrowna beispielsweise hätte sagen wollen: Rasieren Sie sich diesen Schnurrbart ab. Paßt er denn zu einem Kommunisten?, ließ es aber bleiben. Sergej Mitrofanytsch war drauf und dran zu rufen: Was nölen Sie da von Schicksal und Seele und fabrizieren Zigeunerkram!, hielt sich aber gleichfalls zurück.

Was den Leiter betrifft, das war komplizierter, denn seine blauen Augen waren erloschen, plötzlich hatte er Eile; während er Iwan Iwanytsch die Hand drückte, sah er an ihm vorbei. Iwan Iwanytsch aber konnte sich nicht klarwerden: Hatten sie wirklich Freundschaft geschlossen, oder war das alles nur Theater? Draußen auf der Straße ertappte er sich bei dem Gedanken, daß es ihm angenehm war, von einer so hohen Stelle eingeladen worden zu sein, daß man ihn kannte, in seiner Gegenwart zunächst sogar die Fassung verloren hatte.

Iwan Iwanytsch war ganz durcheinander von den schönen Komplimenten, die ihm wohlwollende Menschen so freigebig gespendet hatten, und der flüchtige Gedanke, daß er eine wichtige, an die Herzen rührende Saite gefunden hatte, schoß ihm durch den erhitzten Kopf. Andererseits waren die höflichen, kalten, mißgünstigen »Freunde« schnell dabei gewesen, skeptisch zu grinsen oder ihn mit einem Blick, einer Geste oder einem Wort zu tadeln, ihn zur Besinnung zu rufen oder sogar etwas Abgeschmacktes, ihrer Meinung nach aber durchaus Annehmbares zu verlangen. Diese Vorwürfe vermengten sich mit den Komplimenten, und das ergab ein sonderbares Gemisch, das ihn in ebendieses Fieber hatte geraten lassen.

Drei Jahre später entstand übrigens sein »Liedchen über Idioten«*, und er wurde umgehend ins Stadtparteikomitee bestellt. Dort saßen allerdings bereits andere Leute. Sie waren höflich und zurückhaltend, doch auch eine kleine Wolke kann ein Gewitter ankündigen. Und sie sagten: »Was haben Sie nun schon wieder für ein Lied geschrieben?«

* Anspielung auf Okudshawas »Liedchen über Dummköpfe«. (Anm. des Hrsg.)

»Welches meinen Sie?« fragte Iwan Iwanytsch gespannt.

»Na das ... von den Idioten ... Von Idioten, nicht wahr?«

»Ah«, sagte Iwan Iwanytsch, »Nun ja, das ist halt ein Lied ...«

»Unterlassen Sie das«, sagten sie verächtlich. »Wer sollen denn diese Dummköpfe sein? Man könnte ja denken ... Unterlassen Sie das, lassen Sie das sein ... Sie haben da übrigens ein sehr schönes Lied über Ljowka Kurawljow. Singen Sie doch das. Nicht das über die Dummköpfe.«

Er nahm das alles natürlich nicht übermäßig ernst, zog aber doch einige Schlußfolgerungen, denn ihm war klar, daß diese Maschinerie jenseits einer gewissen Grenze keinen Spaß mehr verstand. War Iwan Iwanytsch raffiniert? Nein, raffiniert war er nicht, obwohl er keineswegs auf den Kopf gefallen war. Er war auch kein Anpasser in dem häßlichen Sinn, den wir mit diesem Begriff verbinden. Doch eine gewisse Fähigkeit sich anzupassen war ihm schon eigen, wie jedem Mitglied der Gesellschaft, besonders jener, der anzugehören er die Ehre hatte.

2

Iwan Iwanytsch wollte einen Band seiner Gedichte herausgeben. Er sammelte sie in einer blauen Mappe, las sie von Zeit zu Zeit wieder durch, korrigierte dieses, tauschte jenes aus. Allmählich schwoll die Mappe an. Er träumte von Erfolgen und Komplimenten. Er träumte, aber wem geht das nicht so? Man hätte Iwan Iwanytsch sogar unstatthafte Gefühlsduselei vorwerfen können, wenn er völlig das Augenmaß verloren hätte, aber das hatte er nicht. Er wollte nicht so werden wie einige Moskauer Verseschreiber, die von ihren eigenen Gedichten ganz hingerissen waren. Sie konnten einfach nicht an der eigenen Vollkommenheit zweifeln, er sah ihre beseligten, dümmlichen Gesichter geradezu vor sich. Eine bessere Waffe gegen Selbstüberschätzung gab es nicht. Nein, dachte Iwan Iwanytsch, bloß nicht so werden wie die!

Die blaue Mappe schwoll weiter an. Sie lag in einem Schubfach seines Schreibtisches im Verlag, und das leise Rascheln der Blätter darin ging im Lärm des Lebens unter. Wer weiß, wie lange sie noch so reglos dagelegen hätte, aber eines Tages tauchte Shenja Jewtuschenko in der Redaktion auf, vierundzwanzig Jahre jung, hochgewachsen, hager, in einem kurzärmligen blauen Hemd, mit dunkelblondem Igelschnitt und dem bezaubernden Lächeln eines Fauns, spitznasig, einem langen Burattino ähnlich ... Er war schon bekannt, sogar berühmt. Kennengelernt hatten sie sich erst vor kurzem. Dem jungen Dichter hatten Iwan Iwanytschs Lieder gefallen, und nun brannte er vor Wohlwollen und Neugier. Jugendlichkeit, der frühe Erfolg, die Zuneigung der Autoritäten – all das spiegelte sich in seiner etwas ungelenken Gestalt, den weitausholenden Gesten, dem Lächeln, in seinem Wunsch, das eigene Glück mit anderen zu teilen, alle ringsum zu beglücken ... Er phantasierte, schmiedete Pläne, schauspielerte, schnitt auf, beichtete und blickte dabei auf die im Zimmer sitzenden Lektorinnen, als wollte er ihnen zu verstehen geben: Das mache ich alles für euch – euch zum Spaß und zur Verzauberung, ich will euch aufrütteln, euch teilhaben lassen und begeistern, will euch entflammen, weil ihr in diesem deprimierenden grauen Alltag versackt seid und nichts dringender braucht als meine Inbrunst, mein Talent, meine Freigebigkeit und Anteilnahme. Ich kann alles und werde euch von meinem Erlebnisgewinn ein ordentliches, großes Maß abgeben: So sind wir nun mal!

Iwan Iwanytsch war von Natur aus zurückhaltend und nicht allzu gesprächig. Weiß der Teufel, woher das kam, vielleicht waren Minderwertigkeitskomplexe daran schuld. Er hörte also auch jetzt nur zu und nickte, genoß aber insgeheim die ihm geschenkte Aufmerksamkeit, und besonders wohl tat ihm, daß sie ihm von dem bekannten Dichter zuteil wurde, denn er hatte bereits erfahren, daß die Schriftstellerkollegen damit nicht verschwenderisch umgingen.

»Ich war im Dorf und hab da einen Haufen Holz gesägt«, verkündete Jewtuschenko.

»Für wen?« fragte Iwan Iwanytsch.

»Für jeden, der welches gebraucht hat«, sagte Shenja, »ich hab mich verdungen und gesägt.«

Die Lektorinnen staunten.

»Wozu?« fragte Iwan Iwanytsch.

»Ich wollte mir was verdienen.« Er zog zerknautschte Drei- und Fünfrubelscheine aus der Tasche.

Die erschöpften Lektorinnen von den Nebentischen ließen ihre Federhalter sinken und lauschten ein wenig ehrerbietig und voll gespannter Aufmerksamkeit. Alle – bis auf eine. Die blieb gleichgültig und sah demonstrativ zum Fenster hinaus.

Ich könnte das nicht, dachte Iwan Iwanytsch, schade!

Da fiel ihm ihre erste Begegnung ein. Das war im vergangenen Sommer gewesen. Er war zu dem einzigen Schriftsteller gefahren, mit dem er näher bekannt war, zu Sergej Narowtschatow. Schwer zu sagen, warum er sich auf den Weg gemacht hatte, jedenfalls kam er zu

Narowtschatow in die Gemeinschaftswohnung in der Wolkonski-Gasse, wo er ihn in einem kleinen schmalen Zimmer eines verkommenen alten Hauses in völliger Erstarrung vorfand. Er saß am schon lange nicht mehr geputzten Fenster, groß, behäbig, überstäubt von Zigarettenasche, einst ein bildschöner Mann, ein beleibter römischer Patrizier, der, in eine Moskauer Kommunalwohnung verbannt, an Geldmangel litt und daran, daß er nichts zu trinken hatte. Iwan Iwanytsch wollte ihm etwas Gutes tun, es schmeichelte ihm, sich für so einen Dichter, der ihn mit aufrichtiger Freude empfing, ins Zeug zu legen. Große, leicht verblichene blaue Augen eines Kindes, ein Lächeln auf den wulstigen Lippen und die sympathische träge Intonation eines heruntergekommenen Edelmanns: »Ssön, daß du gekommen bist, Bruder! Sson über ein Jahr haben wir uns nicht gesehn – keine Kleinigkeit! Ich aber, versstehst du, hab nichts zum Begießen, hol's der Teufel!«

Iwan Iwanytsch aber verfügte gerade über etwas Geld, und stürzte, um dem Genie gefällig zu sein, in den nächsten Feinkostladen, erstand eine Halbliterflasche und Käse und kehrte schnurstracks zurück.

Sommerliche Abenddämmerung zog herauf. Hastig schoben sie auf dem überladenen Tisch allerlei Plunder beiseite und tranken. Narowtschatow seufzte glücklich. Er zog an seiner Zigarette. Den Käse rührte er nicht an. Wohlwollend sah er zu, wie Iwan Iwanytsch Käse nachaß.

»Na los, Bruder, jeder noch einen«, sagte Narowtschatow launisch.

Sie tranken weiter.

»Nichts treibt uns«, sagte Narowtschatow, »aber aufschieben ist auch dumm.« Er kippte das letzte halbe Glas hinunter und begann zu rauchen. Iwan Iwanytsch stieg der Alkohol zu Kopf, daher aß er fieberhaft Käse. Die Flasche war leer.

»Weißt du«, sagte Narowtschatow, »es wäre nicht verkehrt, wenn wir noch was auftreiben könnten.«

»Ja doch!« rief Iwan Iwanytsch bereitwillig, und das Bewußtsein, der großen, rätselhaften Sippe anzugehören, berauschte ihn immer mehr.

»Sag mal«, sagte Narowtschatow, »hast du Geld?«

»Hab ich!« rief Iwan Iwanytsch freudig.

»Dann ab ins Schriftstellerhaus, bevor Galja auftaucht!«

Schwankend verließen sie die düstere Gemeinschaftswohnung und fuhren in die Worowski-Straße.

»Er kommt mit mir«, sagte Narowtschatow zur Pförtnerin am Eingang, und Iwan Iwanytsch wurde durchgelassen.

In dem engen Restaurant des Schriftstellerhauses herrschte Stimmengewirr, Schwaden von Zigarettenrauch hingen in der Luft. Iwan Iwanytsch war hier zum erstenmal. Um ihn herum drehte sich alles, aber Gesichter unterschied er noch gut, verstand Gesprächsfetzen und genoß es, da zu sein, hielt sich für auserwählt, geadelt, gewürdigt. An einem entfernten Tisch hockte einsam Michail Swetlow. Am Nebentisch rechts – Semjon Kirsanow. Links, du liebe Güte, Jewtuschenko in Gesellschaft von Unbekannten. Neben ihm eine blutjunge Schönheit mit hervorstehenden Wangenknochen und Ponyfransen. Da saßen die, deren Gedichte auch schon ferne Gegenden erreichten, über die bruchstückhafte Nachrichten und Gerüchte im Umlauf waren. Saßen lebendig da, gleich nebenan, zum Anfassen! Narowtschatow bestellte einen halben Liter und etwas zu essen. Jetzt war schon alles egal.

»Ich hab im Vorstand vorgeschlagen, hier einen Kamin

hinzusetzen«, vernahm er die Stimme von Kirsanow, »kannst du dir das vorstellen? Einen riesigen Kamin, in dem man einen ganzen Hirsch braten kann!«

»Vorstand«, wiederholte Iwan Iwanytsch ehrfurchtsvoll.

»Hör mal«, sagte Jewtuschenko zu einem der Seinen, »ich hab fünfzehntausend. Schwirren wir mal schnell nach Suchumi ab?«

»Fünfzehntausend!« Iwan Iwanytsch war erschüttert. »Fünfzehntausend!« Diese Summe erschien ihm unerreichbar. Fünfzehntausend, dachte er und wurde nüchtern.

Inzwischen leerte Narowtschatow das nächste Glas. Und rauchte ununterbrochen. Er versuchte Iwan Iwanytsch seine Gedichte vorzutragen, verlor aber den Faden und griff erneut zur Flasche.

»Warum trinkst du nicht, Bruder?« fragte er.

»Ich trinke ja«, lallte Iwan Iwanytsch, bemüht, mit dem fertig zu werden, was jäh über ihn hereingebrochen war: Wie herrlich mußte es sein, wenn man fünfzehntausend zur Verfügung hat, einfach nach Suchumi abschwirren und zwei Stunden darauf am Meer sitzen kann, dann vielleicht nach Tbilissi fliegen und von da beispielsweise nach Lwow, wieder zurück nach Moskau und hier ins Haus auf der Worowskaja reinstürzt...

»Auf der Po-war-skaja«, sagte Narowtschatow akzentuiert*. Zu ihnen an den Tisch setzte sich ein Schriftsteller mit seinem Glas und einem Teller mit einem belegten Brot.

* So hieß die Straße bis 1924, als sie zu Ehren des in der Schweiz ermordeten sowjetischen Diplomaten W. Worowski umbenannt wurde; mittlerweile heißt sie wieder Powarskaja – nach den Köchen des Zaren, die einst hier wohnten. (Anm. des Hrsg.)

»Grüß dich, Serjoga«, sagte er.

»Ach, guten Tag, guten Tag«, stieß Narowtschatow erfreut hervor.

Der Schriftsteller trank seinen Kognak, biß von seinem Brot ab, kaute, zeigte mit dem Finger auf Iwan Iwanytsch und fragte uninteressiert: »Wer ist denn das?«

»Das ist Otar Otarytsch«, brummte Narowtschatow, bemüht, keinen Laut zu verschlucken, »mein Freund, ein Dichter.«

»Otar Otarytsch,« der Schriftsteller grinste, »die sind jetzt recht zahlreich geworden, die Otar Otarytschs, findest du nicht, Serjoga?«

»Halt's Maul!« rief Narowtschatow. »Sein Vater wurde '37 erschossen!«

»Recht geschah ihm!« Der Schriftsteller lachte.

Iwan Iwanytsch wollte schon zur Gabel greifen, um es dem Beleidiger heimzuzahlen, aber die Hände gehorchten ihm nicht, und er begann zu weinen.

In diesem Augenblick klatschte Narowtschatows breite fleischige Hand auf die rosige Wange des Schriftstellers. Jemand schrie auf. Andere begannen ebenfalls zu schreien. Der Rauch verdichtete sich. Eine Kellnerin lief breit lächelnd mit einem Tablett vorbei. Dann hatte sich alles gelegt. Wie zuvor ertönten Monologe an Nebentischen. Nur saßen dort schon andere Schriftsteller, sie selbst aber waren an ihrem Tisch wieder zu zweit: der betäubte Iwan Iwanytsch und der schlafende Narowtschatow. Wie sie die Rechnung beglichen hatten, wußte Iwan Iwanytsch später nicht mehr, auch nicht, wie er den schweren, seiner Sinne nicht mächtigen Dichter hinausgeschleppt hatte, aber er hatte ihn auf seinen schmalen Schultern hinausgetragen, in ein Taxi gesetzt und in die Wolkonski-Gasse gebracht, hatte ihn dort in die Gemeinschaftswohnung geschafft. Die korpulente Galja sah ihn verächtlich an und fragte: »Wer sind denn Sie?«

»Ein Freund«, lallte Iwan Iwanytsch.

»Echte Freunde trinken nicht mit ihm«, sagte sie voll Abscheu.

Er fuhr nach Hause und dachte immerzu voll Schrekken und Verzückung: Fünfzehntausend! Fünfzehntausend!

Das hatte sich ihm also eingeprägt. Und jetzt saß der phantastische Besitzer der fünfzehntausend Rubel in einem schlichten blauen Hemd vor ihm, hatte sich was mit Axt und Säge erarbeitet, und die Lektorinnen hingen mit glühenden Blicken an ihm, ausgenommen die eine, die die Lippen zusammengekniffen hatte und verächtlich dreinsah.

»Shenja«, fragte eine Lektorin, »was sagt Ihre junge Frau zu diesem Verdienst?«

»Was soll die Frau schon sagen?« meinte Jewtuschenko. »Sie ist eine geniale Dichterin. Sie muß ernährt und gekleidet werden.« Er lachte auf. Dann tippte er mit dem Finger auf die blaue Mappe. »Ich will deine Gedichte lesen ...« Und er fuhr mitsamt der blauen Mappe weg.

Das Phantastischste aber geschah danach. Etliche Tage später erhielt Iwan Iwanytsch einen Anruf aus dem Verlag »Sowjetski pissatel«, und eine freundliche Mädchenstimme teilte ihm mit, daß seine Gedichte eine sehr gute Beurteilung von Pawel Antokolski erhalten hätten und der Verlag beabsichtige, schon im nächsten Jahr ein Bändchen mit Iwan Iwanytschs Gedichten herauszubringen! Mein Gott, dachte Iwan Iwanytsch, so schnell! Und natürlich fiel ihm sofort ein, wie selbstverständlich der junge, hagere und hochaufgeschossene Dichter seine blaue Mappe mitgenommen hatte.

3

Unter den Briefen, die Iwan Iwanytsch nun zuströmten, waren immer öfter Briefe von Frauenhand, die nicht nur den raffinierten Duft kosmetischer Erzeugnisse verströmten, sondern auch freundschaftliche Zuneigung, Zärtlichkeit und sogar Liebe; geheimnisvolle Signale gingen von ihnen aus, und ohne es selbst gewahr zu werden, sah Iwan Iwanytsch nun öfter in den Spiegel: Wie war er eigentlich? Was war er? Und was erblickte er im Spiegel? Einen Mann von einem Meter sechsundsiebzig, schmale Schultern, einen immerhin ziemlich vollen kastanienbraunen Haarschopf, einen Schnurrbart, eine nicht allzu antike Nase, die Lippen anziehend geformt – das war vielleicht alles, denn die Augen sah er nicht, das heißt, wie alle andern auch konnte er seinen Blick nicht ergründen, das war ihm unmöglich. Er sah die Pupillen und nahm an, daß sie braun waren, aber alles das begreifen und bewerten konnte er nicht. Bei andern ging das, bei sich selbst aber nicht.

Manchmal sah er dort eine ganz gewöhnliche Gestalt, allen anderen ähnlich, geblendet von kleinen Erfolgen, erpicht auf Lob und feige die eigenen Mängel verbergend. Er biß die Zähne zusammen, die Wangen fielen ein, und schon war es nicht mehr das Gesicht eines jungen Mannes der fünfziger Jahre, sondern die unsinnige Maske eines unbedeutenden Menschen, der auf die Rolle eines Dichters erpicht war. Anschließend las er schnell wieder die Briefe dummer Gänschen mit ihren Liebeserklärungen, und das bewahrte ihn vor völliger Verzweiflung. Viel später erst begriff er, wie nützlich es ist, von sich selbst enttäuscht zu sein, und lernte, dieses Gefühl zu schätzen, damals aber betrachtete er sich, erschrak, verlor den Mut, las dankbar die Briefe und, stellen Sie sich vor, ihm wurde leichter ums Herz, und er konnte wieder freier atmen. Nun begann er sich seine Korrespondentinnen vorzustellen, wobei er natürlich von seinen Idealen ausging, die in jenen Jahren nicht gerade sehr anspruchsvoll waren, und er bekam angenehmes Herzflattern. Sie blickten ihn aus allen Winkeln an, bereit, ihm ihr Schicksal zu Füßen zu legen. Im großen und ganzen war alles banal, aber darüber machte er sich keine Gedanken. Er war wie trockener Zunder, der jeden Moment auflodern kann.

Gerade da rief ihn ein Freund an, nennen wir ihn Kowaljow, einer von denen, die es in jenen Jahren schmeichelhaft fanden, mit Iwan Iwanytsch zu verkehren, ein Provinzler, der von Zeit zu Zeit dienstlich nach Moskau kam. Seine Geschäfte hinderten ihn nicht, sich bewußt zu bleiben, daß das Leben kurz ist, und diesem Leitspruch diente er so rastlos und wahllos wie ein Heide seinem hölzernen Götzenbild. Ich weiß nicht, vielleicht trat in Stunden der Einsamkeit, wenn er über den Sinn des Lebens nachgrübelte, wie es offenbar alle tun, ein Ausdruck der Reue in seine Augen, blendeten ihn solche Höhen menschlichen Geistes, daß ihm schwindelte. Aber vor Iwan Iwanytsch gab er sich immer frei von solchen Anwandlungen, und Begierden anderer Art wirbelten ihm durch den Kopf.

Er kam stets unerwartet nach Moskau, für ein, zwei Tage. Mit seiner Ankunft verbunden waren ungeahnte Liebesfreuden, nicht sehr ausgefallene Verrücktheiten, leere Versprechungen, denen natürlich niemand glaubte, geschäftige Bemühungen und schließlich das Gefühl eines unwahrscheinlichen Erwachens. Auch Iwan Iwanytsch stürzte sich begeistert in dieses genügsam ungestüme Leben und wirbelte fieberhaft darin umher, ohne daran zu denken, daß er sich schon am nächsten Tag wieder verwundert im Spiegel betrachten und sogar Abscheu, wenn nicht gar vergebliche Reue empfinden würde.

Auch jetzt klingelte es, und sie verabredeten sich auf dem Arbat, bei der Zoohandlung, weil gerade dort die karnevalistischen Phantastereien des unberechenbaren Kowaljow Wirklichkeit werden sollten.

»Heute amüsiern wir uns, Alter, und wie!« sagte Kowaljow. »Zwei hinreißende Studentinnen erwarten uns bei sich zu Hause, Bruderherz. Eine gehört mir. Ihr hab ich gesagt: ›Bring eine Freundin mit für meinen Freund‹, und sie darauf: ›Die wartet schon!‹ Kannst du dir das vorstellen? Ich kam geradenwegs vom Zug, und mir stockte der Atem ... Wie geht's dir? Schreibst du Lieder? Alle singen sie. Im Zug haben sie auch welche gesungen. Ich hab zu ihnen gesagt: ›Die sind von meinem besten Freund.‹ Und sie: ›Schwindel nicht, die sind von Otar Otarytsch.‹ Ich darauf: ›Der ist doch mein Freund!‹ Kannst du dir das vorstellen? Ganz Rußland singt sie!« Er blickte ihn verliebt an.

Plötzlich stellte sich Iwan Iwanytsch deutlich vor, wie er vor diesem Gelegenheitsrendezvous in einen Feinkostladen laufen würde, und dachte: Was mach ich nur? Entsetzlich! Fast hätte er laut losgeprustet, aber neben ihm hupte ein Auto, und das Entsetzen verflüchtigte sich. Und wieder dachte er erleichtert: Hol's der Teufel, mir kann alles gestohlen bleiben, der Verlag mitsamt seinem Direktor, die höhere Moral, die Völkerfreundschaft und die bessere Zukunft. So dachte er, denn wenn er Kowaljow auch nicht übermäßig schätzte, seine rosigen Wangen und die gleichgültigen Augen, sein anekdotisches, immer auf das Eine ausgerichtete Streben, so war es ihm doch angenehm, in einen ihm kaum bekannten, erregenden, unergründlichen Strom zu tauchen, als versinke er in einem Abgrund.

»Hoffentlich sind da keine Fremden?« fragte Iwan Iwanytsch.

»Na hör mal«, sagte Kowaljow verwundert. »Nur die für dich, die für mich und wir beide. Ich bin doch nicht etwa ein Fremder?« Er lachte laut und umarmte Iwan Iwanytsch freundschaftlich.

Sie rannten fast.

Zum Glück knisterte in Iwan Iwanytschs Tasche ein frisches Honorar, aber sie beschlossen, zuerst die Damen kennenzulernen, mit denen sie sich ihren Lüsten hingeben wollten, schließlich wußte Gott allein, wie alles ausgehen würde – ob es nur für einen Tag war oder für ein ganzes Leben. Kommt so etwas nicht vor? Was mochten sie inzwischen treiben, die schon informierten, langbeinigen, umsichtigen Moskauerinnen? Wahrscheinlich liefen sie schon aufgeregt im Vorzimmer auf und ab, die flotten Bienen, hatten sich bereits aufgetakelt ... Es war Sommer. Mittag. Höchste Zeit, die Verhältnisse zu klären.

»Schön, Alter, daß du ein Honorar bekommen hast«, sagte Kowaljow außer Atem. »Ich hab ja nur den Zehner für Reisespesen, wie du weißt. Schließlich müssen wir auch Treibstoff tanken, daß Dampf aufsteigt, sonst gibt's am Ende nichts, woran wir uns erinnern könnten. Wenn wir mal Rentner sind, sollten wir wenigstens Erinnerungen haben, oder nicht?«

Sie rannten, flogen dahin mit gereckten Hälsen, wie Windhunde.

»Wo kommen die her?« konnte Iwan Iwanytsch gerade noch fragen.

»Meine ist Studentin der Stschukin-Hochschule. Ein Klasseweib! Und die Deine – das weiß ich nicht ... Konnte noch nicht fragen. Aber was kümmert's dich? Wenn sie nur Beine hat, wie es so schön heißt.«

Auch der redet von Beinen, dachte Iwan Iwanytsch, der die süße Spannung nicht länger ertrug.

Im düsteren Eingang des alten Mietshauses war es kühl.

»Ob sie da in einem Studentenheim leben oder eine Wohnung gemietet haben?« wisperte Kowaljow, »weiß der Teufel, ich konnte sie noch nicht fragen.« Vor einer Wohnungstür blieb er stehen. Rasch zog er den Scheitel nach, rieb sich die Wangen, rückte den Kragen zurecht. Entschlossen drückte er mit dickem Finger auf den Klingelknopf, und schon ging die Tür auf.

Zwei bezaubernde, in der Tat langbeinige junge Schönen empfingen sie in der Diele.

Welche ist meine? dachte Iwan Iwanytsch ungeduldig. Die Mädchen starrten ihn mit unverhohlenem Interesse an. Das war ihm vor dem Kumpel sogar peinlich.

Kowaljow küßte den Damen die Hand. Welche ist meine? dachte Iwan Iwanytsch erneut und brannte schon innerlich. Eine war blond, die andere brünett. Beide waren sie schön und im Unterschied zu den üblichen Moskauerinnen für den Massenbedarf sogar rätselhaft.

Sie ließen Iwan Iwanytsch nicht aus den Augen, und er konnte wieder nicht herausfinden, die ermunternden Signale welcher der beiden er in erster Linie auf sich beziehen sollte.

»Nun denn«, sagte Kowaljow, »wir haben uns bekannt gemacht, jetzt rennen wir mal fix in den Feinkostladen, und ihr bereitet inzwischen hier alles fürs Stelldichein vor, ja?«

»Na schön«, sagte die Blondine wie eine gute Hausfrau, »machen wir. Du bist ja ein Goldstück, Kowaljow ... Woher hast du nur soviel Geld, um uns alle zu bewirten?«

»Reisespesen!« wieherte Kowaljow.

Aus der Art, wie die Blondine redete, schloß Iwan Iwanytsch, daß sie die Hausfrau war. Dann war also die Brünette seine. Die Blondine hieß Nina, die Brünette Sweta.

Sie gingen zur Tür.

»Sweta«, sagte Iwan Iwanytsch familiär, »wir sind im Nu wieder zurück.«

»Aha«, sagte sie. »Na, dann los.« Sie lächelte träge.

Sie rannten zum Feinkostladen auf dem Smolensker Platz.

Iwan Iwanytsch dachte, dieses träge Lächeln, das Sweta ihm geschenkt hatte, sei ebenjenes Lächeln, das ein Fest verspricht. Ein Glück, dachte er, während sie zum Feinkostladen hasteten, daß ich das Honorar eingesteckt habe! Bei seinem gewöhnlichen Geldmangel waren diese gut zweihundert Rubel wirklich ein großes Glück. Es ist angenehm, sich fessellos und unabhängig zu fühlen. Das ist wohl mehr wert als ein paar in einer Zeitschrift publizierte Gedichte, die sowieso niemand liest. Nun verblaßte überhaupt alles vor ihm: das Geld, die Gedichte und der Erfolg – alles verblaßte gegenüber der realen Aussicht auf die langbeinige Brünette.

»Hör mal«, sagte er, »ich hab da mehrere Zimmer gesehn ...«

»Ehem«, entgegnete Kowaljow.

»Ich stelle mir vor, wie gut wir dann klarkommen!«

»Wir kommen schon klar.« Kowaljow lachte. »Wir kommen klar, Alter.«

Im Feinkostladen liefen sie zielstrebig von einer Abteilung zur anderen, stopften Flaschen und Eßwaren in Kowaljows Seidenbeutel, blinzelten sich zu und verständigten sich durch Zurufe. Das war noch in jenem Lebensabschnitt gewesen, da man sich keine Gedanken macht, was später sein würde. Wenn man jetzt zu Besuch geht, weiß man schon, was einen erwartet, wie es ausgeht: zuerst die Begrüßungen, die Wahl der Plätze, heuchlerisches Ächzen, forsche Ausrufe, dann aber ein quälendes Gefühl der Leere bei vollem Magen und der Wunsch, gehen zu können, zu verschwinden, sich zu verflüchtigen, schließlich der Versuch, sich mit viel Tee und Mineralwasser wieder aufzurichten, und am nächsten Morgen eine quälende Schwere in Magen und Kopf … So ist es jetzt. In jungen Jahren aber gibt's das nicht, da sieht man nichts voraus. Würde jemand für morgen Unannehmlichkeiten verheißen, dann bekäme er umgehend zur Antwort: »Scher dich zum …« Man hat keine Zeit, sich darüber Gedanken zu machen. Wozu auch? Dort sind zwei langbeinige Schönen in einer leeren Wohnung und – eine der beiden ist deine. Sie wartet. Ungewöhnlich beschwingt fühlte sich Iwan Iwanytsch auch noch von dem Gedanken, daß sie ihn nicht kannten und er sich Andrjuscha oder Serjosha nennen könnte, sie also uneigennützig waren, was sie besonders auszeichnete.

»Wohin so schnell, Alter?« fragte der füllige Kowaljow keuchend, als sie alles erworben hatten und auf dem Arbat zurück trabten. »Ich komme kaum mit!«

Die Flaschen klirrten, die Passanten wichen ihnen aus. Alles war vergessen: die Gedichte, die Begeisterung, der unsinnige Alltag im Verlag, die wunderschönen Zukunftspläne, die aus den Lagern zurückgekehrte Mama, die in den Schmutz getretene Jugend, alles bis auf den heißersehnten Augenblick, der hinter der nächsten Ecke wartete …

»Alter«, krächzte Kowaljow, »übernimm dich nicht, das bekommt dir nicht!«

»Ach, weißt du«, rief Iwan Iwanytsch, »diese Sweta ist einfach eine Wucht! Nicht irgendeine Edelnutte, sondern durchaus respektierlich, und was für ein Gesicht, was für Augen! Du bist in Ordnung, Kowaljow!«

Kowaljow zwinkerte ihm zu, wie es seine Gewohnheit war, und sie liefen weiter.

Oh, diese geheimnisvolle Wohnung – alte, erprobte Festung, Turnierplatz, Gefäß für Gefühle, Trostspenderin, Lenkerin von Geschicken!

Überraschend öffnete ihnen ein unbekannter Mann die Tür. Hinter ihm in der Diele bewegten sich zahlreiche Schatten. Verdutzt sah Iwan Iwanytsch näher hin – er suchte Sweta.

»Hurra«, sagte Kowaljow gar nicht verwundert. »Da sind wir.«

Flinke Hände nahmen ihnen die Beutel ab. Die bleiche Nina war schon da.

Und wo ist meine? dachte Iwan Iwanytsch. Aber Sweta war nicht zu sehen. Dafür unterschied er nun etliche recht junge Leute. Es waren sogar sehr viele. Sie füllten die ganze Diele, auch aus den Zimmern blickten ihre neugierigen Gesichter.

Er wurde ehrerbietig begrüßt. Alle schauten ihn offen und freundschaftlich an. Auf einem ovalen Tisch im Hauptzimmer funkelten schon kleine und große Gläser, eilfertig wurden allerlei Teller mit Imbiß aufgetragen und klirrend Flaschen an ihren Platz gestellt.

Und wo ist meine? dachte Iwan Iwanytsch und erblickte im selben Moment Sweta. Sie stand an einem entfernten Ende des Tisches neben einem bildschönen Bärtigen, und seine Hand lag auf ihrer Schulter. Das kam so unerwartet, daß es Iwan Iwanytsch völlig verwirrte. Er begriff gar nichts mehr, quälte sich nur, machte dabei aber ein freundliches Gesicht, erwiderte Grüße und Lächeln. Statt des erwarteten herrlichen, heißersehnten Stelldicheins oder Tête-à-tête, wie Kowaljow es nannte, erwartete sie ein lärmender vielköpfiger Rummel. Auf Swetas runder und offenbar heißer Schulter ruhte eine fremde Hand. Doch wie sah sie unter dieser Hand hervor Iwan Iwanysch an! Vage Vorgefühle ergriffen von ihm Besitz, undeutlich, aber bekannt. Vielleicht gebar ebendieser Augenblick das reinigende Gefühl der Selbstironie in ihm, das zwar noch scheu und kümmerlich war, aber schon rettend, als er bei einem Blick auf Swetas Bärtigen begriff, wie schön der war, passend und glaubwürdig, wie breit und offenbar wirklich heiß seine Hand auf der Schulter der jetzt unzugänglichen Brünetten lag und wie schwächlich und unscheinbar er selbst war, Iwan Iwanytsch, der sich nur zufällig in dieser Wohnung befand. Er sah sich mit ihren dunklen Augen und hätte am liebsten aufgelacht, wäre da nicht die Wut auf Kowaljow gewesen, der ihm diese Geschichte eingebrockt hatte, und die Wut auf sich selbst.

»Verlier nicht den Mut, Alter«, flüsterte ihm der gerade an ihm vorübergehende Kowaljow zu, »jetzt bechern wir ein bißchen, dann kommt alles andere ...«

»Welches andere?« fragte Iwan Iwanytsch und versuchte sarkastisch zu grinsen, aber Kowaljow wuselte schon am andern Ende des Zimmers herum.

Offenbar war Nina die Hauptperson in dieser Wohnung, sie wies ihren zahlreichen Gästen die Plätze an und sagte irgendwas, während sie auf das Essen zeigte. Alle setzten sich, die Gabeln begannen zu klappern, und Speisen flogen auf die Teller. Iwan Iwanytsch war taub für alle Worte, jetzt wartete er ständig auf die Hauptsache, denn er begriff bereits, was geschehen mußte. Der Bärtige legte Sweta von den Gabelbissen vor, und sie lächelte ihn an, schoß hin und wieder auch Blicke auf Iwan Iwanytsch. Plötzlich nannte auf der linken Seite jemand seinen Namen, er lauschte, aber schon ging alles im freudigen Gluckern des Wodkas unter. Kowaljow zwinkerte ihm mit vollem Mund zu, doch verbarg sich in seinem Lächeln eine gewisse Verlegenheit. Alle tranken. In Iwan Iwanytsch wuchs die Spannung, denn ihm war klar, gleich würde es passieren. Und er ärgerte sich, daß alles so gekommen war, natürlich mit Hilfe von Kowaljow. Dann tranken alle erneut. Der Bärtige sagte etwas zu Sweta, und sie lachte verhalten auf. Sie war bildschön. Alles an ihr war einfach herrlich, außer vielleicht ihre Art zu kauen; Iwan Iwanytsch hatte bemerkt, daß sie langsam und träge kaute wie eine alte Schildkröte, was sonderbar wirkte bei der hohen Stirn und den tiefen dunklen Augen. Das tröstete ihn ein wenig.

Dann wandten sich alle jäh ihm zu, lächelten, und jemand sagte ihm von hinten ins Ohr: »Otar Otarytsch, singen Sie doch was für uns!«

Sie reichten ihm eine Gitarre. In diesem Augenblick fiel ihm ein, wie sie in den Feinkostladen gerannt waren und ihre Einkaufsbeutel für Sweta und Nina vollgestopft hatten, wie er sich auf den verschwiegenen Abend gefreut und die unbekannte Moskauer Wohnung ihm überirdische Freuden verheißen hatte. Der Verräter Kowaljow, der sich auf seine Kosten eingerichtet hatte, saß neben Nina, und beide blinzelten ihm lächelnd zu.

»Nun, Otar Otarytsch ...«

Der Verräter hatte noch immer rosige Wangen und feuchte, leidende Augen, er lächelte verlegen. Eigentlich sah er ganz sympathisch aus, so wie alle Verräter, ehe sie in die Enge getrieben wurden. Seine Habsucht war menschlich, sogar rührend, aber sein Verrat kam so urplötzlich, daß dem nachgiebigen Iwan Iwanytsch die Handflächen zu schwitzen begannen und es ihm den Atem verschlug. Nein, an Rache dachte er nicht, auch nicht daran, den Verräter zu beschämen oder dergleichen, aber etwas regte sich doch in ihm – sei es etwas Arbat'sches oder Kaukasisches – rätselhaft und glutheiß. Er blickte auf die Uhr und verkündete laut der still gewordenen Tischrunde: »Freunde, ich bin leider in Zeitnot. Ich muß gehn.« Begleitet von Seufzern und Rufen des Bedauerns stand er vom Tisch auf und eilte zum Ausgang.

»Alter!« schrie ihm der puterrote Kowaljow nach. »Warte!«

Doch Iwan Iwanytsch rannte, übersprang Treppenstufen, stolz auf seine Entschlossenheit und schnaufend vor Kränkung, den letzten Fünfrubelschein in der abgeschabten Tasche.

4

Gedichte entstanden, dazu Melodien. Wer überlebt hatte, kam aus den Lagern zurück. Die Presse warf ihre Fesseln ab, schüchtern zwar, halbherzig, aber immerhin. Schon ließ es sich ein wenig leichter atmen. Iwan Iwanytsch schwamm mit dem Strom. In den Moskauer Küchen sprach man plötzlich ganz offen aus, daß früher, wie sich nun herausstellte, nicht alles gut und gerecht gewesen sei.

Gewiß doch, gebaut hätten sie viel, den Krieg gewonnen, die Gesundheitsversorgung sei kostenlos, Arbeitslosigkeit gebe es keine, und trotzdem, trotzdem...

Ja, der Westen verfaulte noch immer, wenn auch nicht mehr ganz so intensiv und nicht mit der früheren Geschwindigkeit. Doch scheue Zweifel, kaum der Rede wert, stiegen unter den Leuten wie ein verwehendes Rauchwölkchen über einem Feuer auf, und ein nahezu unmerklicher Riß durchzog die glatte Mauer der bislang unzugänglichen Festung.

Plötzlich wurde verkündet, daß in Moskau ein Festival der Weltjugend stattfinden sollte. Ein großer Trubel begann. Farbenprächtige Volksfeste wurden geplant, eine grandiose Eröffnungsfeier im Zentralstadion, aber das Wichtigste war, daß man die Teilnahme vieler Tausend Ausländer erwartete und alle Hotels sich auf die Einquartierung vorbereiteten. Das war geradezu unfaßbar: Ausländer hatte man bis dahin fast keine gesehen, allenfalls vereinzelte Diplomaten, die in ihren protzigen Schlitten durch die Hauptstadt rasten.

Heute, da ich darüber schreibe, erscheint mir das eher lächerlich und betrüblich, damals aber war mir nicht zum Lachen zumute, damals kam das wie ein Blitzschlag, wie ein jäher Umbruch. Es war ein neuer Tag in einem langen, durchgeplanten Leben. Etwas geriet ins Wanken. Mir stockte der Atem.

Im Verlag hatten wir eine Versammlung. Der Direktor sagte, das Festival sei eine verantwortungsvolle politische Aktion. Wachsamkeit und noch mal Wachsamkeit!, denn es sei nicht ausgeschlossen, daß sich unter die ausländischen Gäste zahlreiche professionelle Spione und Diversanten mengen würden. Während er so sprach, wirkten seine Augen wie aus Stahl, krümmten sich seine

Lippen, und im Tonfall schwang ein unüberhörbarer Hintersinn mit. Man sieht ja, war herauszuhören, wie euch das, was über euch hereingebrochen ist, um den Verstand bringt, welche Begierden es schon geweckt hat. Natürlich begreift ihr nicht, was eine politische Aktion ist, sondern denkt, das sei eine Lustbarkeit, zwei, drei, hopsassa ... Aber mit der machen wir Schluß, wenn wir es für richtig halten – kapiert?

Alle saßen da, die bleichen Lippen eingekniffen, und sahen sich erregt an. »Möglich sind Provokationen«, sagte der Direktor, »wir müssen bereit sein, sie zurückzuweisen. Außerdem ist nötig«, sein Tonfall wurde eine Spur milder, »sich irgendwie passend anzuziehn. Wir können doch nicht in abgetragenen ... doch nicht so, daß sie denken, wir hätten ... ihr begreift hoffentlich, wir dürfen uns nicht blamieren. Hier wird ein Sonderladen für ideologische Mitarbeiter eröffnet, damit ihr euch neu einkleiden könnt. Ihr bekommt dafür Passierscheine und könnt euch je ein Stück nach eigenem Geschmack kaufen, je eins.«

Schüchterne Unruhe kam auf, vor allem unter den Frauen.

Iwan Iwanytsch erhielt einen rosa Passierschein und begab sich in den Sonderladen. Er war sehr aufgeregt, muß man vermerken. Er hätte sich überhaupt gern gut gekleidet. Sein ganzes dreiunddreißigjähriges Leben war er schon schlecht angezogen gewesen. Aber Moskau war damals ziemlich arm, gute Sachen waren zwar hin und wieder in Kommissionsgeschäften zu finden, doch mit einem Redakteursgehalt brauchte man da bekanntlich gar nicht erst hinzugehen.

Im Laden, beim Anblick des Überflusses und der Vielfalt, schwindelte Iwan Iwanytsch der Kopf, und er kam lange nicht wieder zu sich. Rings um ihn standen hochnäsige junge Verkäuferinnen, denen die Ehre zugefallen war, diese Bescherung in die Hand zu nehmen. Solcherart erhoben, hatten sie sich im Nu aus niedlichen Moskauer Durchschnittsmädchen in machtbewußte Gebieterinnen über fremde Geschicke verwandelt. Ach, wie verachteten sie alle diese geschäftigen und jämmerlichen Iwan Iwanytschs, aber noch mehr ihre Geschlechtsgenossinnen wegen der zittrigen, unterwürfigen Stimmen, der fleckig geröteten Wangen, der abgetretenen Absätze, des verführerischen Strebens, ein zweites Stück zu ergattern, zu erbetteln, wegen der kriecherischen Hoffnungslosigkeit im Blick, wenn sie ihnen voll Abscheu entgegenschleuderten: »Man hat Sie doch informiert, Bürgerin!«

Iwan Iwanytsch hatte gewartet, bis die erbärmliche Blässe des Entrechteten von seinen Wangen gewichen war, reckte die Schultern und wies träge, gleichmütig mit dem Finger auf einen Anzug aus weißem Wollstoff. Alles hier war unwahrscheinlich billig, dieser phantastische Anzug ebenfalls. Nach Iwan Iwanytschs Vorstellungen war das ein höchst aristokratisches Kleidungsstück, in dem er sich von den geckenhaften Ausländern mit Zigarren zwischen den Zähnen, mit Hüten, Smokings und so überhaupt nicht unterscheiden würde.

Im Verlag waren alle elektrisiert. Alle warteten auf die Eröffnung des Festivals. Niemand arbeitete mehr vernünftig. Von Zeit zu Zeit gab es Kurzversammlungen, auf denen der Direktor oder der Parteisekretär die aufgeschreckten Redakteure wieder und wieder belehrten, wie sie sich gegenüber den ausländischen Gästen benehmen sollten, um sich weder zu blamieren noch ihren Sowjetstolz zu verletzen. »Ihr seid Arbeiter an der ideologischen Front«, hämmerten sie ihnen ein, »seid politische Funktionäre. Seid wachsam. Applaudiert den Ausländern verhalten, unsern Leuten aber begeistert. Sollen alle sehn …«

Eines schönen Sonntags schließlich zog Iwan Iwanytsch seinen neuen Anzug aus feiner weißer Wolle an, band sich eine matt schimmernde Seidenkrawatte um, bauschte den noch üppigen Haarschopf auf, glättete den Schnurrbart, warf einen Blick in den Spiegel und war mit sich zufrieden. Vor seinen Augen tänzelte ein hagerer, sympathischer Ausländer. Schön wäre wohl noch eine Zigarre, dachte er leicht errötend. Aber Zigarren hatte er nicht. Während er, von aufgeregten Moskauern umgeben, mit der Metro fuhr, wiederholte er in Gedanken immerzu alle englischen Wörter, die er kannte, und versuchte damit Sätze zu bilden. Ihn beunruhigte die Sorge, er könne vor ausländischen Gästen in Verlegenheit geraten. Das entsprang freilich keinen patriotischen Anwandlungen, sondern ganz praktischen Gefühlen. Angenommen, ein Ausländer fragt ihn in seiner fremden Sprache: Und wo ist hier der Arbat? oder sonstwas, die Stadt oder den Alltag betreffend. Natürlich wäre es schön, wenn man ihm zwanglos antworten oder selbst eine bezaubernde Engländerin oder Amerikanerin fragen könnte: What is your name? I'm very glad to see you. Oder sie fragt: Who are you? und er würde antworten: I'm a writer, was heißt: Ich bin Schriftsteller. Das hörte sich doch gut an. Er betrachtete die Leute im Wagen. Alle hatten sich irgendwie herausstaffiert, aber ihm kam es so vor, als hätten sie alle weiße Augen, als blickten sie einander und ihn an, ohne etwas zu sehen, und das wunderte ihn, entsetzte ihn geradezu.

Gleich mußten sie das Zentrum erreichen. Wie werden sie sich nur bewegen? dachte Iwan Iwanytsch. Aber die

Türen gingen auf, und alle verließen fröhlich schwatzend den Wagen.

Auf der Mochowaja erblickte er die ersten Ausländer.

Das waren aber wohl zweitklassige Ausländer, keine in Smoking und mit Melone. Junge Leute in zerknautschten, ausgeblichenen blauen Hosen und scheußlichen, nicht gerade frischen Nickis oder Hemden, bemalt mit Löwenrachen, irgendwelchen Symbolen und lateinischen Beschriftungen. Bei vielen baumelten und klirrten sonderbare Kettchen und Reifen auf der Brust und an den Armen. Manche hatten überlange Haare, und ihre Gesichter waren picklig. Sie unterhielten sich laut in einer fremden Sprache. Es gab weder Zigarren noch Hüte. In sichtlich abgetretenen Turnschuhen latschten sie über den Asphalt. Sie lächelten, während sie sich Moskau ansahen, manchmal wieherten sie unbändig, dann wieder küßten sie sich vor aller Augen. Langsam gingen sie zur Universität, hinter ihnen her aber, hinter ihnen her strömte mit einigem Abstand, schweigsam und voller Spannung, eine riesige Menge Moskauer. Die Menge rauschte angesichts dieser zweitrangigen Bewohner eines fremden Planeten, und Iwan Iwanytsch war ins Zentrum dieses Haufens geraten. Er reckte den Hals, um die vorausgehenden fremden Gäste zu sehen. Eine Viertelstunde dauerte es, bis er sich endlich besann. Zunächst war es ihm so vorgekommen, als sähe ein Mann, der neben ihm ging, ihm selbst ähnlich; er trug zwar keinen weißen Wollanzug, hatte aber auch einen Schnurrbart und reckte den Hals genauso. Dann sah er, daß auch andere die Hälse auf die gleiche Weise reckten, und das brachte ihn zur Besinnung. Er blieb stehen, während die Menge weiterzog. In einem Fenster entdeckte er sein Spiegelbild. Da stand er nun in seinem weißen Anzug –

klein, schmalschultrig und völlig überflüssig. Wo aber waren die Ausländer in ihren Smokings und mit ihren Zigarren? Wo waren sie, diese echten Geschöpfe des unzugänglichen Westens, geheimnisumwoben, fremd, gefährlich, aber anziehend und erregend?

Während er so dastand und über all das nachdachte, bildete sich um ihn herum allmählich eine neue Menge. Alle musterten ihn neugierig und durchaus wohlwollend. Endlich faßte einer Mut und fragte ihn: »Who are you?« Iwan Iwanytsch begriff, daß sie ihn für einen Ausländer hielten. Er hätte stolz den Kopf heben oder laut loslachen sollen, wurde aber tiefrot und rannte zur Herzenstraße. Die Menge folgte ihm einige Schritte, blieb dann aber zurück.

Wohin er nun auch ging, überall entdeckte er Grüppchen von Ausländern, um die erregte Moskauer kreisten. Als sei da ein spontanes Volksfest im Gange. Gelächter erscholl. Einzelne Draufgänger versuchten hin und wieder, mit den Ankömmlingen Gespräche anzuknüpfen, aber all diese Versuche waren nicht frei von Nervosität. Denn einerseits leuchteten allen die zahlreichen brüderlichen Losungen entgegen, beschwingten sie die stolzen, innigen Lieder über Freundschaft und Brüderlichkeit, brannten sie vor Neugier, andererseits erinnerten sie sich noch gut an die Instruktionen vom Vortag, und Bilder von Spionen und Diversanten spukten in ihren erhitzten Köpfen.

Jetzt ist vom damaligen Iwan Iwanytsch nichts mehr geblieben. Fünfunddreißig Jahre sind verflogen, das ist keine Kleinigkeit. Vielleicht erinnert an ihn eine vage Silhouette, ein von der Zeit verzerrtes Gesicht, und wer weiß, ob es Weisheit ist, die in seinem Blick liegt, oder Müdigkeit. Auch die Ausländer sind übrigens nicht mehr die gleichen: Statt lärmender Haufen entfesselter junger Studenten mit proletarischen Neigungen begegnen einem Gruppen gesitteter, skeptischer, satter Menschen. Und »Freundschaft! Freundschaft!«, diese sinnentleerten Rufe auf Schritt und Tritt, werden jetzt durch ein nüchternes Beschnuppern, ein abwägendes Beäugen ersetzt. Alles ist reine Zweckmäßigkeit. Was wäre das auch für eine Freundschaft nach den Panzeraufmärschen in Europa, nach den skandalösen Entlarvungen von Spionagezentren in fast jedem Land, angesichts unserer Armut. Damals aber ... Mit welcher Begeisterung und Leidenschaft erwarteten wir die Ankunft unserer hungrigen und leiderprobten Klassenbrüder, wie träumten wir davon, ihnen unsere Wärme zu schenken, sie zu bewirten und mit einer weitausholenden Geste aufzufordern, das Universitätsgebäude oder die »Ausstellung der Errungenschaften ...« zu bewundern. »Und was interessant ist«, sagte ein gewisser Iwan Iwanytsch herablassend und überzeugt, während er in amerikanische Blauäuglein blickte, »Sie haben natürlich auch Wolkenkratzer, das wissen wir, na klar, nur – bei euch sind sie schwarz, verräuchert, inhuman, und nun sehen Sie unsere Universität an, sehen Sie nur, ganz in Sonne getaucht! Eben für den Menschen!« – »O yes!« erklang es aufrichtig und voller Entzücken aus amerikanischem Mund.

Beim Eingang zum Studentenklub tosten die Leidenschaften. Auch hier drängten sich die hellstimmigen zweitklassigen Gäste, doch unter sie mischten sich bereits andere, längst nicht mehr junge, schweigsame, mit gelangweilten Mienen. In grauen Jacketts und mit schwarzen Krawatten. Welche von uns, dachte Iwan Iwanytsch.

Da sprangen zwei auf ihn zu. Sie trugen Sporthemden,

die mit Losungen dekoriert waren. Sprudelten etwas Freundliches hervor, während sie ihn anlächelten.

»Ich versteh Sie nicht« stotterte Iwan Iwanytsch verwirrt, obwohl er sehr wohl die eingeübte Antwort I don't understand kannte.

Schwachsinn! dachte er verzweifelt.

Im Universitätsklub sollte ein Treffen mit der kanadischen Jugend stattfinden und danach ein Kulturprogramm. Voller Vorfreude ging Iwan Iwanytsch auf die Tür zu, aber dort verlangten zwei Männer in grauen Jacketts und Krawatten eine Eintrittskarte von ihm.

»Wo werden die Karten denn verkauft?« fragte er.

»Die gibt's über die Organisationen«, wurde ihm kalt geantwortet.

Der Festtag verlor seinen Glanz. Zu allem Überfluß versuchte auch noch ein junger langer Schwarzer dauernd, eine verschüchterte kleine Blondine um die Schultern zu fassen. Er lachte laut und streckte den Arm nach ihr aus, sie aber wehrte ihn ab und sagte streng: »Na, na, nicht doch!«

»Why?« wunderte sich der Verehrer und versuchte sie wieder zu umarmen.

»Nicht doch!« wiederholte sie puterrot.

Blöde Gans, dachte Iwan Iwanytsch, sag doch No!, aber sie konnte nur Russisch und der Schwarze, nach allem zu urteilen, nur Englisch.

»Why, darling?« fragte er hartnäckig.

»Na, na, nicht doch«, beharrte sie, »hab ich's nicht gesagt?«

So ging das immerzu, und es ist schwer zu sagen, was Iwan Iwanytsch schließlich mehr anödete – die Anbändelei des Schwarzen oder ihre Einfalt. Dabei ging die blöde Gans nicht weg, sondern preßte sich mit ihrem strammen Schenkel sogar an ihn, die Scheinheilige!

Im Klub schrillten Klingelzeichen, alle drängten aufgeregt zur Tür: die Gäste und die begünstigten Moskauer. Da bezwang Iwan Iwanytsch das Gefühl der Erniedrigung und rannte ebenfalls los.

»Die Karte«, sagte jemand schroff.

»Ich bin aus einem Verlag«, erklärte Iwan Iwanytsch streng, »habe einen Auftrag«, und er reichte seinen Ausweis hin.

»Verschwinde!« verfügte der Wachhabende und stieß Iwan Iwanytsch mit geübter Hand zurück.

Jetzt waren die Gäste drin, aber auch alle die in den grauen Anzügen und schwarzen Krawatten, nur einige zufällige Pechvögel drängten sich hoffnungslos vor dem Eingang. Als letzte gingen der Schwarze und seine widerspenstige Blondine hinein. Die schwarze Hand des Ausländers ruhte nun schon fest auf ihrer Schulter, und unmittelbar am Eingang wollte er mit wulstigen Lippen ihre keusche Wange berühren.

»Nadja ... Nadja ... Nadja ...«

»John!« rief sie böse. »Werd nicht zudringlich!«

Iwan Iwanytsch ging seiner Wege. Hinter der nächsten Ecke hielten ihn zwei junge Damen an und fragten ihn, ob er nicht eine Einlaßkarte übrig habe.

»Ich verstehe Sie nicht!« murmelte er unwirsch und rannte in seinem weißen Anzug auf dem Bürgersteig weiter. Die Damen kicherten hinter ihm her.

Idiot, dachte er, während er den Rest seines Selbstbewußtseins verlor.

So erniedrigt ging er bis zum Alexandergarten und setzte sich auf eine Bank.

Leichte Sommerdämmerung senkte sich herab. Noch

sah man deutlich das Grün des Laubs über den dunkelroten Kremlmauern. Jenseits der Einfriedung lärmten die Autos und brodelten die Festivalleidenschaften, hier aber herrschte Stille. Nur hin und wieder erklang Rascheln und Knirschen, so als versuche Vergangenes, längst und jüngst Vergangenes, sich in Erinnerung zu bringen, sich festzuklammern, aufzuschreien, glitte aber, da es keinen Halt fände, von Iwan Iwanytschs Schultern ab und versinke, erlösche ganz hier in der Nähe, weil ihm jetzt nicht der Sinn danach stand – er hatte nicht etwa nur verlernt, damit umzugehen, sondern konnte es einfach nicht. Auch diese Mauer vor ihm war nur eine einfache Auftürmung von schmutzigen, porösen Ziegelsteinen. Und er betrachtete sie mit gleichgültigen, zeitgebundenen Augen, während er über seine augenblicklichen praktischen kleinen Interessen nachdachte. Irgendwann einmal wird er bei der Erkenntnis eines schweren Verlustes zusammenzucken, aber offensichtlich erst dann, wenn er selbst rascheln und knirschen wird, wenn es ihn fortzieht und er hilflos versucht, an jemandes starken Schultern Halt zu finden, an jemandes gütigem, aufmerksamem Mitgefühl …

Er war jedoch noch ziemlich jung, befand sich ganz in der Gewalt jenes Augenblicks, und das künstliche Festivalflämmchen kam ihm wie ein großes Feuer vor. Da tauchten zwei vor seiner Bank auf und ließen sich ganz in seiner Nähe nieder. Ein junger Mann und ein Mädchen. Sie hatten gerade erst Bekanntschaft geschlossen, das konnte man sehen. Er war natürlich Engländer und sie Russin. Er war blond, sie dunkelbraun und ängstlich wie viele in Moskau zur Abendstunde. Er erkundigte sich hartnäckig nach ihrem Namen, sie aber verstand ihn nicht und errötete, doch man sah, die Vertraulichkeit war ihr angenehm.

»Er fragt, wie Sie heißen«, übersetzte Iwan Iwanytsch stolz, sein Wissen offenbarend.

»Oh!« rief der Engländer dankbar.

»Katja«, sagte sie erfreut.

»Kate«, übersetzte Iwan Iwanytsch mit gespielt englischer Intonation.

»Oh!« rief der Engländer.

Da dachte Iwan Iwanytsch, daß sie sehr schön sei und es herrlich wäre, wenn der junge Mann ginge, sie aber bliebe ...

Der Engländer hieß Michael.

»I want to meet you tomorrow«, sagte er zu Kate und sah dabei Iwan Iwanytsch an.

»Ich möchte mich morgen mit Ihnen treffen«, sagte Iwan Iwanytsch und schwitzte vor Anstrengung.

Sie nickte.

»When?« fragte Michael sachlich.

»Wann?« fragte Iwan Iwanytsch Katja. Seltsamerweise war sie nicht angemalt. Die ausdrucksvollen Lippen waren leicht aufgeworfen, aber jung und frisch, und die feuchten grauen Augen blickten, ohne zu blinzeln, allzu vertrauensselig oder auch allzu durchdringend. Michael aber wirkte trotz seiner häufigen Ausrufe kalt. Ob sie ihm glaubt? dachte Iwan Iwanytsch. »Wann denn?« fragte er Katja, während er allmählich das Interesse an alldem verlor.

»Morgen abend um acht«, sagte sie nach kurzem Überlegen.

Iwan Iwanytsch suchte fieberhaft in seinem Gedächtnis nach dem Wort für »Abend«, fand es schließlich und sagte: »At eight o'clock in the morning, tomorrow.«

Michael war leicht verwundert, hob die Achseln und antwortete gedehnt: »Okay ...«

Sie winkte mit der Hand, schüttelte die Locken, sah Iwan Iwanytsch kalt an und lief aus dem Park.

»Thank you«, sagte Michael und ging in die entgegengesetzte Richtung, »bye-bye ...«

Da zuckte Iwan Iwanytsch zusammen, denn ihm wurde klar, daß er sich schändlich geirrt hatte – er hatte »Morgen« und »Abend« verwechselt. Er wurde wütend auf sich und schwor sich in seinem Edelmut, am Morgen hierherzukommen und dem verschaukelten Engländer zu erklären, daß das Treffen am Abend stattfinden sollte. Gerührt von seinen guten Vorsätzen, ging er nach Hause, unterwegs aber stellte er sich plötzlich vor, wie er selber abends kommen und Katja treffen würde. Von diesem englischen Spitzbuben versetzt, würde sie sich freuen, wenn sie den Bekannten vom Vortag erblickte, und zusammen würden sie sich über den pickligen Ausländer lustig machen. Warum sind Sie hier? würde sie fragen. Ich komme in der Dämmerung immer hierher, würde er geheimnisvoll sagen. Dann würde sie ... nein, würde er ... Hier nun begann ihr Gesicht zu verschwimmen und verflüchtigte sich.

Als er am nächsten Tag in den Verlag aufbrach, fiel ihm das alles zwar wieder ein, aber weiter darüber nachzudenken, hatte er jetzt keine Lust.

Im Verlag prangte am Anschlagbrett das Veranstaltungsprogramm der Festivalgäste. Alle Länder waren darin vertreten – es gab Darbietungen der Amerikaner, Franzosen, Engländer, Kanadier, Spanier, Italiener und vieler anderer, aber der Verlag hatte nur Eintrittskarten für die Algerier und Bulgaren.

Das kränkte Iwan Iwanytsch zutiefst, doch er verfaßte keine Protestschreiben und bereitete den Organisatoren des Festivals keinen Skandal. Hätte er damals gewußt, was ich heute weiß, ich verbürge mich nicht, daß alles so einfach gewesen wäre, damals aber, 1957, nahm für ihn alles ebendiesen Verlauf. Es entsprach nicht seinem Charakter, gegen Anweisungen der Obrigkeit zu protestieren. Zudem war es üblicher, Wut herunterzuschlucken, als bis zur nicht ungefährlichen Wahrheit vorzudringen.

»Vergeßt die Wachsamkeit nicht«, ermahnte sie der Parteisekretär an einem Festivaltag ironisch, »hütet die Quellen des Wassers.«

Iwan Iwanytsch gefiel diese Ironie nicht, er begriff nichts, fragte zurück: »Welches Wassers? Welches Wassers?« und stieß im Blick des Sekretärs auf Schwermut wie auch beleidigende Herablassung. Das brachte ihn noch mehr aus dem Konzept, diese Schwermut und diese Ironie.

Zu allem Überfluß bat der Verlagsdirektor ihn überraschend zu sich und teilte ihm feierlich mit, daß er vom Zentralkomitee des Komsomol in eine Delegation aufgenommen sei, die zu den Neulandbrigaden fahren sollte. In Verbindung damit müsse er die Instrukteurin des Zentralkomitees, Genossin Saweljewa, aufsuchen, um sich vorzustellen und einige Worte auf den Weg mitzubekommen. Iwan Iwanytsch zog sich seinen schmucken, unwiderstehlichen weißen Anzug an, kämmte sich den Haarschopf und begab sich in die ehemalige Marossejka.

Allem Anschein nach war die Instrukteurin Saweljewa so alt wie er, etwas über dreißig. Er hatte gedacht, er würde eine vertrocknete Parteibürokratin vorfinden, mit Krawatte und geradem Scheitel, aber sie war einfach schön, trug ein modernes Kleid, hatte eine recht lockere Frisur, an einem ihrer rosigen Finger steckte ein Ring, und ihre weiße Wange zierte ein Schönheitspflästerchen. Iwan Iwanytsch geriet in Erregung, sagte sich aber zum

Trost: Mir sind auch schon hübschere begegnet – und verneigte sich ehrerbietig. Sie indes ignorierte sein beherztes Signal, vielleicht tat sie auch nur so, jedenfalls war ihr Blick streng, und ihr amtlicher Tonfall ließ ebenfalls nichts dergleichen erwarten. Sie musterte Iwan Iwanytsch allzu demonstrativ und nicht allzu herzlich, so wie ihn seinerzeit der Batteriechef gemustert hatte, ihn, den Schwächling mit den krummen, in Wickelgamaschen steckenden Beinen und einem zerknautschten Käppi auf dem geschorenen Kopf. Nein, Entsetzen lag nicht in ihrem Blick, wohl aber Skepsis und Feindseligkeit. Gott sei Dank war sie freimütig und fragte: »Haben Sie etwa die Absicht, so herausgeputzt ins Neuland zu fahren?«

Die Frage verwirrte Iwan Iwanytsch, kränkte ihn sogar – was mißfalle ihr nur an seinem weißen Anzug aus feiner Wolle, wollte er schon fragen. Aber natürlich fragte er nicht, denn ihm war klar, daß ihm ein ernsthaftes Gespräch bevorstand – was sollte da schon eine Erörterung seiner Garderobe! Vielleicht aber begann auch sein Herz zu flattern, als er so vor dem Eichenholztisch stand.

»So herausgeputzt?« wiederholte sie.

»Ja«, sagte er heiser und zuckte mit den Schultern.

Ihre blutroten Lippen verblaßten, sie machte große Augen.

»Dort aber sind Arbeiterjungs und -mädchen«, sagte sie, ohne ihren Ärger zu verhehlen. »Haben Sie denn nichts Sportliches?«

»Nein«, erwiderte er in entschuldigendem Tonfall.

Unversehens blitzte in ihrer Miene etwas auf, etwas Weiches, es sah sogar aus, als wolle sie lächeln, aber das sah nur so aus.

»Sonderbar«, sagte sie, »Sie sind doch Propagandist, sind Kommunist ...«

Was, zum Teufel, bin ich für ein Propagandist! dachte er und wollte schon scherzhaft entgegnen, er sei Gitarrist oder etwas in der Art, aber nicht einmal das Schönheitspflästerchen auf ihrer Wange ermutigte zu Scherzen.

Jemand klopfte zaghaft an die Tür, öffnete sie einen Spaltbreit und huschte ins Dienstzimmer – so ein Kerl in schwarzem Anzug, schneeweißem Hemd und mit schwarzer Krawatte. Er glitt zum Tisch, streckte der Genossin Saweljewa ein Blatt entgegen, das sich auch schon vor ihren Augen hinbreitete, selbst aber erstarrte er in einiger Entfernung in einer Art Verbeugung, ohne Iwan Iwanytsch zu bemerken. Ihre feingliedrige Hand mit dem Ring fuhr über das Blatt – hinterließ darauf den Zickzack einer Unterschrift, und das Blatt – als wäre ihm eine Wohltat erwiesen, als wäre es befruchtet worden – flog überm Tisch hoch und verließ hinter dem schwarzen Anzug das Dienstzimmer ...

Da fiel Iwan Iwanytsch seine Mama ein, die einst ebenso die Lippen zusammengekniffen hatte, wenn sie fand, daß sein Äußeres nicht, na sagen wir mal, den Parteinormen entsprach, vielleicht zu provozierend war. Oder wenn er beispielsweise an der Gesetzmäßigkeit des Klassenkampfes zweifelte oder so, dann preßte Mama die Lippen zusammen, und ein kaltes, unabwendbares Feuer flammte in ihren braunen Augen auf.

»Und deine siebzehn Jahre in der Zwangsarbeit?« fragte er sie dann. »Ist das auch historische Logik?«

»Das hat nichts mit unseren Idealen zu tun«, fertigte sie ihn ab, und ihre Lippen wurden noch blasser und noch härter.

Mama trug allerdings einen geraden Scheitel und keine modische Frisur wie die Instrukteurin Saweljewa, von einem Ring ganz zu schweigen.

»Sie können gehn«, sagte die Saweljewa gleichgültig, »wir benachrichtigen Sie.«

Er ging, und ihm war klar, daß er nirgendwohin fahren würde. Und er freute sich.

5

Zu Iwan Iwanytsch drangen allmählich Gerüchte, daß seine Lieder in Studentenheimen gesungen wurden. Das schmeichelte ihm, und er fand es seltsam, denn er hatte immer Gleichaltrige für seine Verehrer gehalten, Leute, die das Jahr '37 und der Krieg verbrannt hatten, die mit ihm seine ziemlich traurige und sogar tragische Erfahrung teilten, und nun plötzlich junge Menschen mit Flaum auf den Lippen... Doch wie dem auch sei, er hörte auf diese Gerüchte und versuchte offensichtlich, sein Leben den neuen Umständen anzupassen. Die neuen Umstände aber ließen nicht lange auf sich warten.

Eines Tages erhielt er einen Anruf aus der Kreisbibliothek in der Nähe der Metrostation »Sokol«: Er wurde zu einer Veranstaltung mit Lesern eingeladen.

Zur festgelegten Zeit fuhr er im Taxi zur Bibliothek. Das heißt, bis kurz davor, denn er mußte weit vor dem Eingang aussteigen – der Platz vor dem Haus war voll von zumeist jungen Leuten. Die Menge wogte, lärmte. Viele hatten Gitarren bei sich. Sie drängten zur Vortreppe der Bibliothek, gegen die Tür, in der das Glas herausgeschlagen war und wo zwei ermüdete, verständnislose Milizionäre den ramponierten Eingang versperrten.

Die Menge tobte. Gitarrenklänge waren zu hören. Bekannte Melodien drangen an Iwan Iwanytschs Ohr – sie sangen seine Lieder. Seine Gitarre an die Brust gepreßt, kämpfte er sich zum Eingang vor. Natürlich erkannte ihn niemand – wie er aussah, wußten sie nicht. Hinterm Glas der Bibliotheksfenster schwankten die erschrokkenen Gesichter der Glücklichen, die es geschafft hatten, vor dem Pogrom in den Raum zu gelangen. Schließlich hatte Iwan Iwanytsch die Vortreppe erreicht. Nein, nicht Verständnislosigkeit zeichnete sich auf den Gesichtern der Milizionäre bei der zerschlagenen Tür ab, sondern Wut und Erbitterung. Sie versperrten Iwan Iwanytsch den Weg.

»Ich werde dort erwartet«, sagte Iwan Iwanytsch streng.

Sie musterten ihn mit trüben Augen. Die Menge erstarrte.

»Na so was«, sagte der eine Milizionär, »er wird dort erwartet ...«

»Sie haben sich da versammelt, um mich zu empfangen«, erklärte er stolz.

Einmütig stießen ihn die Milizionäre beiseite.

»Ich bin Otar Otarytsch!« schrie er.

»Verschwinde!« befahl einer der Ordnungshüter.

»Aber sie warten doch auf mich«, preßte Iwan Iwanytsch hervor, »ich bin Otar Otarytsch ...«

Aus der Menge beobachtete man das mit Interesse: Fast jeder hatte diesen Weg durchlaufen. Jemand lachte. Das Lachen fachte die Wut der Milizionäre noch mehr an. Wieder stießen sie Iwan Iwanytsch zurück. Aus der zerschlagenen Tür der Bibliothek trat eine bleiche, zerzauste Frau. Schweigend und entsetzt beobachtete sie, wie die Milizionäre Iwan Iwanytsch von der Vortreppe stießen.

»Wo ist Ihre Leiterin?« konnte Iwan Iwanytsch gerade noch schreien, dann flog er in die Menge.

»Gewieft!« sagte jemand, und wieder lachten alle hellauf.

Wenn ihr wüßtet, daß ich wirklich Otar Otarytsch bin, würdet ihr mich auf Händen in die Bibliothek tragen, wollte Iwan Iwanytsch rufen, ließ es aber natürlich bleiben und entfernte sich schnell, er rannte fast.

Am nächsten Tag rief er in der Bibliothek an. Die Leiterin sagte zu ihm mit Grabesstimme: »Wir haben einen Fehler gemacht, wissen Sie, haben das Aktiv benachrichtigt, dann haben wir kurz entschlossen einen Aushang in der Metro angebracht, wollten das Beste … und nun dieser Alptraum!«

»Schade«, sagte Iwan Iwanytsch belehrend, »Sie haben es zu gut gemeint …«, konnte aber nur mit Mühe ein Triumphgefühl unterdrücken, und als er den Hörer aufgelegt hatte, blieb er noch lange mit zusammengekniffenen Augen sitzen.

Das war eine Erfahrung, die erste und beglückende, doch die Euphorie verflog rasch, denn Iwan Iwanytsch war nicht mehr allzu jung und konnte sich selbst mit fremden Augen sehen: wie sie ihn von der Vortreppe stießen und wie unansehnlich, wie albern er da mit seiner Gitarre wirkte … Plötzlich begriff er, wie relativ und unbeständig alles in dieser Welt ist und wie leicht es geschehen kann, daß man ihn eines Tages nicht deshalb hinunterstößt, weil man ihn nicht kennt, sondern einfach darum, weil man schon keinen Iwan Iwanytsch mehr braucht, sondern irgendeinen Pjotr Petrowitsch oder Sergej Sergejitsch oder gar einen Eduard Eduardytsch.

1988

Aus einem weit zurückliegenden Vorgang

1

Der ehemalige General der Staatssicherheit Filin war Sekretär für Organisation im Schriftstellerverband. Er brachte Iwan Iwanytsch viel Sympathie entgegen, offenbar, weil der der Sohn eines im Jahr 1937 umgekommenen Mannes war, zudem hatte er seinerzeit selbst neun Jahre in einer Einzelzelle in Lefortowo abgesessen.

Wie Kenner berichteten, war das dort ein schreckliches Gefängnis, und in Iwan Iwanytschs Augen wuchs der General zu märchenhafter Größe; der spürte es und kokettierte sogar bisweilen mit seiner Vergangenheit. Aber von alldem abgesehen, unbeschadet allen Streits um Iwan Iwanytsch, des ungewohnten Genres, mit dem er sich befaßte, dieses weltweiten Traras, gefiel ihm Iwan Iwanytsch, weil der unaufdringlich und bescheiden war, Fronterfahrung hatte und vielleicht auch noch wegen anderer Vorzüge. Natürlich verlor er nie das Gefühl, auf der Hut sein zu müssen, wenn er an Iwan Iwanytsch dachte. Eine innere Spannung ließ ihn nicht zur Ruhe kommen: Schließlich trug er die Verantwortung für dieses noch junge Verbandsmitglied. All das spiegelte sich auf seinem großflächigen Gesicht.

Aber nicht nur solche Gefühle bestürmten den General. In ihm verbanden sich tiefverwurzelter Bolschewismus, der jetzt schon aufgetragen, schablonenhaft und orthodox wirkte, angeborener Scharfsinn und große, bittere Erfahrung zu einem explosiven, giftigen Gemisch, und sie ließen ihn begreifen, daß das vertraute Fundament morsch geworden war, daß irgendwo ein Zusammenbruch drohe, daß die heiligen Dogmen, die er verkündet hatte, nichts weiter als Dogmen, vielleicht sogar Lügen waren. Auch das spiegelte sich auf seinem Gesicht.

Iwan Iwanytsch war ihm also sympathisch, und seine Lieder – er hatte sie mit seiner durchaus intelligenten Frau vom Tonbandgerät abgehört – fand er keineswegs verurteilenswert, ja, sie gefielen ihm sogar. Doch das war zu Hause, in seinem Dienstzimmer aber galten für ihn andere Grundsätze, sah er Pessimismus und Niedergang aufkommen, Gesetzlosigkeit und gefährliche Abweichungen von den anerkannten und gewohnten Spielregeln: »Wo kämen wir hin, wenn sich alle solche Freiheiten herausnehmen würden!«

So leichtsinnig Iwan Iwanytsch auch war – schon der Blick ins abgespannte bleiche Gesicht des Generals bewahrte ihn vor jeglicher Selbsttäuschung. Er ahnte, daß Filins freundschaftliche Zuneigung sofort erlöschen würde, sobald er beispielsweise den Befehl erhielte, Iwan Iwanytsch zu verhaften oder, sagen wir, zu erschießen. Doch solange es so einen Befehl nicht gab, würde der Orgsekretär dergleichen nicht zulassen, vielmehr würde er ihn unter seine Fittiche nehmen, geduldig Informationen sammeln, und zwischen ihnen würde ein immer freundschaftlicheres Lächeln hin und her flattern.

Einmal also kam Iwan Iwanytsch in den Schriftstellerverband und stieß schon am Eingang auf den Orgsekretär. Der blickte sofort äußerst besorgt drein, und in seinen blaßblauen Augen funkelte ein Geheimnis auf. Vielsagend winkte er Iwan Iwanytsch, ihm zu folgen.

In dem geräumigen Dienstzimmer des Generals

herrschte offizielle Stille, und Iwan Iwanytsch, der in einem Sessel Platz genommen hatte, ahnte nicht, worum es gehen würde. Angenehmes erwartete er natürlich nicht, zu angenehmen Gesprächen wurde man hierher fast nie gebeten. Die schroffen Bewegungen des Generals, sein Schweigen, während er sich am Safe zu schaffen machte, verhießen nichts Gutes. Endlich richtete er sich auf und hob beinahe feierlich eine Schallplatte über den Kopf.

»Na, was sagst du dazu?« keuchte er, und in dieser Frage lag Triumph, aber auch Kummer, ja sogar Verurteilung.

»Was ist das?« Iwan Iwanytsch begriff nicht.

»Deine Platte!« stieß der General hervor und schüttelte die Scheibe wie ein Beweisstück.

»Was für eine Platte?« schrie Iwan Iwanytsch auf, der daran nicht einmal im Traum gedacht hatte. Er war zwar schon bekannt und hatte sogar hier und da halblegal gesungen, doch entsprachen seine Lieder keineswegs den eingewurzelten Vorstellungen, wie ein Lied zu sein hat. Daher konnte er von Platten nicht mal träumen, hier aber war plötzlich seine Platte, noch dazu mit einem großen Porträt von ihm, das überm Kopf des Generals aufgeblitzt und sofort wieder verschwunden war. Wie konnte sie ohne ihn herausgekommen sein? Naiv sprang er von seinem Sessel auf, um sich diesem zauberhaften Gegenstand, diesem Wunder zu nähern, ihn an die Brust zu drücken, zu streicheln, sich daran zu freuen.

»Setz dich«, zischte der General und hob die Platte noch höher.

»Warum darf ich sie mir nicht ansehen?« fragte Iwan Iwanytsch empört. »Wo kommt sie her?«

»Berechtigte Frage.« Der General grinste. »Wo sie herkommt?« Er nickte zur Seite hin. »Von dorther ... und deine Lieder sind drauf.« Er wiegte den Kopf.

Als Kind seiner Zeit begriff Iwan Iwanytsch sofort, was dieses Nicken bedeutete. Es bedeutete, daß die Platte nicht von hier war, nicht von der Straße und nicht aus einem Geschäft, sondern von dort, aus der jenseitigen Welt, aus fremdländischen Gefilden.

Er fuhr zusammen und fragte sehnsuchtsvoll: »Sind das wirklich meine Lieder?«

»Ja, deine.« Der General verzog finster den Mund. »Die Frage ist nur, wie sie dahin geraten sind ...«

»Weiß ich nicht«, sagte Iwan Iwanytsch, »ich habe sie denen nicht gegeben ... weiß der Himmel, wie sie dahin geraten sind. Überall gehen Mitschnitte von Hand zu Hand, wer weiß ...«

Wieder wiegte Filin den Kopf.

»Wer hat denn meine Platte herausgebracht?« fragte Iwan Iwanytsch mit matter Stimme.

»Ist das nicht klar?« Der Orgsekretär grinste, seine blaßblauen Augen wurden riesengroß, und ein zischendes, unheilverheißendes »CIA« kam über seine schmalen Lippen.

Da erschrak Iwan Iwanytsch nicht schlecht. Schließlich war er, ich wiederhole es, ein Kind seiner Zeit. Und wenn ihm die Unterhaltung mit dem General zunächst wie ein freier Lauf über eine blaue Wiese erschienen war, wobei der General sich mit großen Sprüngen vorwärtsbewegte, um die Platte, das glänzende Corpus delicti, zu ergreifen, und er, Iwan Iwanytsch, ihm leichtfüßig hinterhereilte, um sie ans Herz zu drücken, wenn er zunächst diese Vorstellung gehabt hatte, so sah er sich nun in einer Falle.

Informierte Leute erzählten, daß der General, obwohl

er nicht mehr in den Organen der Staatssicherheit diente, im Kleiderschrank zu Hause eine gutgebügelte Generalsuniform aufbewahre und sie vertraulich Schriftstellern vorführe, die ihm besonders nahestanden. Ja, er war nun General a. D., doch mit seinen Gesten, der Intonation, Anspielungen, einem vielsagenden spöttischen Lächeln versuchte er seine Umgebung glauben zu machen, daß er allumfassend über ihr Leben und ihre Gedanken informiert sei. Bei Klugen gelang ihm das nicht, denn Kluge sind ja gerade deshalb klug, weil sie sich bisweilen dumm stellen können. Dumme aber rissen den Mund auf und verbreiteten phantastische Legenden über den General.

Iwan Iwanytsch war nicht dumm genug, um zu glauben, daß die amerikanische Spionage sich für seine Lieder interessieren könne. Aber erstens hielt er eine böswillige Intrige für möglich, und zweitens machte ihn allein die Tatsache benommen, daß die heißersehnte Platte erschienen war. Er war drauf und dran, allein bei dem Gedanken loszuschluchzen, daß irgendwo dort dieser sein großer, schön verpackter Traum erschienen war, den er jetzt nicht mal berühren durfte.

»Diese Provokation«, sagte der Orgsekretär, nachdem er die Platte wieder im Safe verstaut hatte, »stammt von einem ausgekochten Spion, einem Agenten des CIA, bekannt unter dem Namen John Gloff...« Geringschätzig setzte er hinzu: »Damit befassen wir uns zur Zeit.«

Oh, dieses »Wir«!

Iwan Iwanytsch nickte und konstatierte verwundert, daß er keine Angst hatte. Das heißt, gar keine auch wieder nicht, aber Freude und Erfolgsgefühl waren stärker als Unruhe und Angst.

Der General machte große Augen und sah Iwan Iwanytsch durchdringend an, aber der nickte zustimmend und verriet sich nicht.

»Wo ist sie denn erschienen?« fragte er, gleichsam uninteressiert.

»In London«, stieß Filin verächtlich hervor.

Die Kombination von amerikanischem CIA und englischem London schien etwas widersinnig, aber nur einen Augenblick, dann stellte sich Iwan Iwanytsch schon vor, wie er nach Hause kommen und zu seiner jungen Frau sagen würde: Weißt du, im Ausland ist eine Platte von mir herausgekommen. Eine große Platte ... Wo? würde sie überrascht rufen. In London, würde er lässig antworten.

Er verließ den General leichten Herzens. Ohne Angst. Der Jubel war stärker: Dieses CIA-Miststück, was für ein Geschenk er mir gemacht hat! Und er überraschte seine junge Frau mit der Nachricht. Es wurde ein Familienfest. Seine Frau, Angelina Petrowna, war dreiundzwanzig Jahre alt. In literarischen Feinheiten war sie nicht bewandert, und obwohl sie sich über die Platte freute, nahm sie sie für selbstverständlich, Iwan Iwanytschs Genie verdiente durchaus Größeres als diese gewöhnliche ausländische Platte. Iwan Iwanytsch versuchte ihr zu erklären, wie außergewöhnlich das sei, hatte aber keinen allzu großen Erfolg und winkte schließlich ab.

Das aber war, wie sich herausstellte, nur der Beginn einer Geschichte, die eine völlig unvorhersehbare Fortsetzung haben sollte.

Beschwingt von der Euphorie des Sieges, fuhr Iwan Iwanytsch nach Jalta, in die dortige Literaturwerkstatt des Schriftstellerverbandes. Er fuhr dorthin, in die Stille, um Gedichte zu schreiben, die er im Kopf schon fast vollendet hatte, und dazu passende Melodien zu finden.

Es war das erstemal, daß er als Verbandsmitglied um einen Reisescheck gebeten hatte, und er hatte sich nicht entschließen können, auch für Angelina Petrowna um einen zu bitten. Sie zeigte dafür Verständnis, obwohl ihr die Trennung schwerfiel.

Iwan Iwanytsch genoß das Leben in Jalta, den Frühling, die Arbeit, aber er sehnte sich nach seiner jungen Frau und haderte mit sich selbst wegen seiner überflüssigen Skrupel: Die meisten Schriftsteller waren mit ihren Frauen hier. Er rief sie jeden Tag an und schwor ihr, das nächste Mal würden sie bestimmt zusammen fahren. Sie lachte nur und tröstete ihn. Einmal aber klang ihre gewöhnlich glückliche Stimme aufgeregt und ratlos. Sie sprach keuchend. Ihr Bericht bestand aus Bruchstücken und Andeutungen: irgendein Anruf und eine Frauenstimme mit starkem fremdländischen Akzent, seltsame Angebote … London … Moskau … Leningrad … Ein dichter Nebel aus Furcht und Verzweiflung ballte sich zwischen Jalta und Moskau. Sie wußte nicht, was sie tun sollte, halb fragte sie um Rat, halb gab sie selber nervöse Ratschläge, und vor Iwan Iwanytsch verblaßte alsbald die Küstenlandschaft. Zuerst versuchte er, alles als einen Scherz abzutun, um sie aus ihrem Schock zu holen. »Du phantasierst«, sagte er. »Ich phantasiere nicht«, antwortete sie völlig ruhig, »das ist einfach kein Gespräch fürs Telefon …« – »Was denn, ist es gefährlich?« fragte er, und seine Miene wurde finster. »Wirklich gefährlich?« Sie versuchte wieder etwas zu erklären, und plötzlich begriff er, daß das, was sie durch die Blume sagte, mit der englischen Schallplatte zu tun hatte.

Den ganzen Tag lief er herum wie nicht recht bei Sinnen. Der lange Weg des eigenen Lebens tat sich wiederum, das wievielte Mal wohl, vor ihm auf. Aus Angelina Petrownas Worten, ihrer Intonation hörte er eine bekannte Warnung vor einer alten, gewohnten Bedrohung. Plötzlich fiel es ihm wieder ein: der Vater, 1937 an die Wand gestellt, und die Mutter, nach fast neunzehn Jahren Lager und Verbannung wieder ins Leben zurückgekehrt. All das war auch seine Erfahrung. Immer hatte er eine neue Katastrophe gefürchtet, hatte sich selbst wegen eines leichten Zitterns in den Knien verachtet, und während er die heißersehnte Schallplatte, die erste in seinem Leben, die er noch gar nicht berührt hatte, die aber bereits existierte, pries, haßte er zugleich den gelbgesichtigen unbekannten Spion aus Übersee mit der verzerrten Fratze, der Unruhe in sein Leben brachte.

Abends rief seine Frau wieder an. Sie erwartete Rat. Trotz aller Hürden und ihrer gespielten Ruhe bekam er allmählich mit, was eigentlich vorgefallen war.

Eine Frau hatte sie angerufen. Sie sprach mit starkem englischen Akzent. Sie stellte sich als die Frau jenes Spions vor, das heißt, sie sagte, sie sei die Frau von Herrn John Gloff, der die Schallplatte von Herrn Otar Otarytsch herausgebracht habe. Ihr Mann gebe eine Zeitschrift heraus und verlege Bücher von Underground-Schriftstellern, und sie sei gekommen, um aus Rußland Manuskripte von solchen Büchern zu besorgen. Sie hoffe, daß die Frau von Otar Otarytsch etwas Interessantes aus den verbotenen Werken Otar Otarytschs bereitlege (wie schade, daß Otar Otarytsch selbst nicht in Moskau sei!), natürlich nur, wenn Otar Otarytsch nicht eventuelle Folgen befürchte. Angelina Petrowna hatte, vor Angst fast von Sinnen, der Ausländerin stolz versichert, daß ihr Mann vor nichts Angst habe. Ob sie selbst Angst hatte? Natürlich hatte sie Angst, denn sie erinnerte sich von Zeit zu Zeit, daß auch ihr Vater früher mal in

Swerdlowsk im Gefängnis gesessen hatte. Sie fürchtete sich wie alle, deren Gene von uralter Angst vergiftet waren. Was für Gesichter da erbleichten! Mochten die Zeiten auch besser geworden, gestrige Verbrechen mit viel Lärm entlarvt worden sein – was für Herzen erbebten!

»Ich hab hier verschiedenes Adreß«, sagte die Besucherin, »hole dort auch Manuskript, dann ich komme bei Ihnen, Samstag at seven o'clock, okay?«

»Okay«, sagte Angelina Petrowna mit bleichen Lippen und ließ den Hörer fallen.

Das alles erzählte sie mit Hilfe von allerlei Allegorien und Anspielungen, ihr Zittern erreichte ihn über Tausende von Kilometern, und er selbst begann zu zittern und sich zu grämen, weil sie dort, die Ärmste, so jung in diesen Wahnsinn hineingezogen war, während er jetzt als wer weiß was dastand: vielleicht als ein Verbrecher, vielleicht auch als einer, den man für fremde Sünden verantwortlich machte.

»Hör zu!« schrie er in den Hörer. »Geh sofort zu Filin. Der soll sich mit alldem befassen. Das ist seine Arbeit. Was haben wir beide damit zu tun? Wer das ist? Na, der General, unser General, kapiert? Bei uns im Verband. Soll er das selber auslöffeln!«

»Wenn es aber eine gute Frau ist?« wisperte Angelina Petrowna vernünftig.

»Von wegen gut«, schrie er aus seinem Paradies in Jalta. »Ich weiß, wie so was läuft!«

»Aber das ist doch wie Verrat«, wisperte sie wieder, und er sah deutlich ihre fest zusammengepreßten wunderschönen Lippen vor sich.

»Nein, nein, mach, was ich dir sage!« verlangte er. »Das hätte grade noch gefehlt, daß wir uns mit Spionen befassen!«

Sie ging also zum General.

»Das ist ein lausiger Spion«, sagte Filin und sah die Papiere im Tischschubfach durch. »Wir kennen ihn schon lange. Ein Mistkerl, wie ihn die Welt noch nicht gesehn hat. Er hat sich nicht von ungefähr an Otar Otarytsch rangemacht.« Interessiert betrachtete er Angelina Petrowna, die in selbstbewußter Pose vor ihm auf einem Stuhl saß, Kraftlosigkeit in den grünen Augen. Sie erklärte ihm die Situation. Filin freute sich, der jungen Familie helfen zu können.

»Wie naiv!« rief er, aber es klang nicht vorwurfsvoll. Professioneller Eifer brodelte in ihm. Er fuhr fort, hektisch in den Papieren zu kramen. Sie wollte ihm sagen, er solle mit dieser unhöflichen Wühlerei Schluß machen, ließ es aber natürlich bleiben. Plötzlich beruhigte er sich, starrte sie an und flüsterte schalkhaft: »Wir werden mit ihr folgendermaßen verfahren. Am Samstag kommt eine Frau von uns zu Ihnen. Sie stellen sie als eine Verwandte vor, beispielsweise als Tante, ja?« Sie nickte ergeben. »Dann wird also Ihre Tante kommen, und Sie brauchen sich keine Sorgen mehr zu machen.«

Vor Angelina Petrownas Augen erstand eine Frau mit großem Revolver in der Hand. Geräusche eines kurzen Kampfes und triumphierende Rufe. Sie erzählte das dem General wie zum Scherz, mit feiner Ironie, aber der Orgsekretär brach in Gelächter aus.

»Sie haben wohl zu viele Spionagefilme gesehn?« fragte er jovial. Sie nickte niedergeschlagen. Das Einvernehmen war perfekt.

Die Nerven waren am Zerreißen. Der wehmütige Gedanke an Verrat durchfuhr Angelina Petrowna von Zeit zu Zeit, verschwand aber sofort wieder. Schwer zu sagen, ob sie einfach nicht mehr daran denken wollte oder ob der Eifer des Generals sich auf sie übertragen hatte. Am Samstagabend jedenfalls, Punkt sechs Uhr, klingelte es an der Tür, und in die Wohnung rauschte eine ältere, lächelnde Dame mit einer Warze über der Oberlippe, die sich benahm, als wäre sie hier zu Hause.

»Wie nenn ich Sie, Geletschka oder Aletschka?« fragte sie, während sie sich in der Diele die Schuhe abtrat.

»Nennen Sie mich Angelina«, schlug Angelina Petrowna streng vor.

»Na, dann eben Angelina«, willigte die »Tante« leichten Herzens ein, »ein schöner Name.«

Sie machte es sich im Zimmer auf dem ihr angebotenen Stuhl bequem, sah sich um und lächelte. Mit der Warze spielend, sagte sie: »Unsere Freundin wollte also um sieben kommen? Na, warten wir. Erledigen Sie nur Ihre Arbeiten, ich schau mich inzwischen mal um ...«

Angelina Petrowna nahm ihr gegenüber Platz, und obwohl sie einsah, daß ihre Mutmaßungen unsinnig waren, versuchte sie bei der Besucherin eine Waffe zu entdecken. An der aber wirkte alles anständig, alltäglich, gewöhnlich.

»Schön wär's, wenn Sie mir Hausschuhe geben könnten«, sagte sie.

Angelina Petrowna brachte ihr Pantoffeln. Die »Tante« schlüpfte hinein. Flink, als wäre sie hier zu Hause, trug sie ihre Schuhe in die Diele.

»Und was haben Sie da? Ach, das Badezimmer. Wie bei mir. Nur mit einem großen Waschbecken. Das haben Sie sicher von ›Santechnik‹? Ich finde zu so was nie Zeit. Und hier ist die Toilette, nicht wahr? Natürlich.« Sie lachte. Die Küche gefiel ihr. »Sie sind eine Meisterin, Angelinotschka ... Wirklich gekonnt – so eine kleine Küche, und so gemütlich!« Sie seufzte. »Da heißt es immer, dies gibt es nicht und das nicht, dies wird gebraucht und jenes, nötig aber ist vor allem Geschmack, nicht wahr?«

Angelina Petrowna war nervös, ließ es sich aber nicht anmerken. Am meisten Angst hatte sie vor einer Schießerei. Während sie die drollige Warze der Besucherin betrachtete, die fast an das Korn einer Schußwaffe erinnerte, wollte sie schon fragen: Machen Sie das schon lange? Aber natürlich traute sie sich nicht und verzog nur leicht die Lippen.

Es schlug sieben. Niemand erschien. Die Spannung wuchs. Während Iwan Iwanytsch später die Geschichte vernahm, geriet er selbst in Erregung, als wäre er dabeigewesen, und er hielt Angelina Petrowna unbeherrscht alle möglichen Verfehlungen vor: dies habe sie nicht richtig gemacht, und da hätte sie etwas ganz anderes sagen sollen. Als er dann aber ihr enttäuschtes Gesicht sah, erklärte er sich großmütig mit allem einverstanden. In Jalta, seinem herrlichen Paradies, war ihm der Anblick der vielsagenden Warze an der Oberlippe dieser »Tante« erspart geblieben, hatte er auch nicht ihre wohlmeinende, gleichgültige Stimme hören müssen.

»Unsere Freundin verspätet sich«, sagte sie, »das sieht einer Ausländerin aber gar nicht ähnlich ...«

Angelina Petrowna wurde wieder von dem schmerzlichen Gedanken an Verrat heimgesucht. Was Iwan Iwanytsch anbetrifft, so machte er entweder sich selbst etwas vor und beschwichtigte den eigenen Egoismus, oder er wollte die Ruhe seiner jungen, unerfahrenen Gattin bewahren. Wie soll sich da einer auskennen.

»Sie verspätet sich, die Falkin«, sagte die »Tante«. »Sie weiß doch nicht etwa von mir?« fragte sie wie zufällig und starrte in Angelina Petrownas weit aufgerissene grüne Augen.

»Natürlich nicht«, antwortete Angelina Petrowna herausfordernd. Plötzlich glaubte sie metallisches Klirren zu hören. Zum wiederholten Mal betrachtete sie insgeheim alle Rundungen ihrer neuen Bekannten. Sie fand jedoch nichts Verdächtiges an den üppigen, gemütlichen Formen der älteren Dame.

Um acht läutete das Telefon, und die Frau des Spions schrie laut, deutlich und sogar mit gewissem Frohlokken in Angelina Petrownas Ohr: »I'm sorry, ich nicht kann kommen, because bei mir Zug to Leningrad, Sie verstehn? Ich habe großen Koffer mit verschiedne Manuskripte verschiedner Dissidenten, oh! Das gutes Souvenir for mein husband ... Bye, bye, sorry ...«

»Sie fahren weg?« fragte Angelina Petrowna erschöpft.

»Yes, I'm sorry ... Morgen ich besuche Leningrad, dort ist neuer Manuskript, und nächsten evening Dampfer nach Helsinki. Bye, bye!«

»Wiedersehn«, sagte Angelina Petrowna erleichtert.

Die »Tante« sagte: »Aha, na wunderbar. Morgen geht's also nach Helsinki? Wunderbar.« Sie begab sich in die Diele, um die Schuhe zu wechseln.

»Auf Wiedersehn, Linotschka. Wenn was ist, rufen Sie an.«

Am Abend drang aus Jalta Iwan Iwanytschs Stimme zu ihr. Angelina Petrowna gab sich Mühe, ihn zu beruhigen. Die »Tante« erwähnte sie nicht. Über den englischen Gast sagte sie nur: »Eine Vollidiotin! Brüllt einen unverschlüsselten Text durchs Telefon! Nicht zu fassen!«

»Reg dich nicht auf!« schrie Iwan Iwanytsch aus Jalta. »Sie werden ihr Helsinki zeigen!« Wieder durchzuckte sie für einen Moment der Gedanke an Verrat, aber nur für einen Moment. Dann girrten sie eine Weile, wie das so ist, ohne zu ahnen, wie sich diese Geschichte in etwa vier Jahren weiterentwickeln würde.

Beim Einschlafen versuchte Angelina Petrowna einen vagen Verdruß oder sogar ein Schuldgefühl gegenüber jemandem loszuwerden, tröstete sich aber damit, daß Iwan Iwanytschs Genie mehr wert sei als Ränke und Intrigen. Kurz vor dem Einschlummern konnte sie noch sehen, wie die »Tante« einen abfahrenden Zug entlangläuft und mit dem Revolver auf die Fenster des Transitwagens schießt.

2

Iwan Iwanytschs Leben war von wechselndem Erfolg begleitet. An die unglückselige Platte versuchte er nicht zu denken. Es freute ihn in tiefster Seele, daß sie herausgekommen war, doch die Freude blieb gedämpft, war vergiftet, verdorben durch ihren unheilvollen Ursprung.

Da ergab es sich, daß Iwan Iwanytsch mit einer kleinen Schriftstellerdelegation in München weilte. In Moskau hatten sie ihn gewarnt, daß er direkt in die Höhle des Löwen fahre. Natürlich hatte er darüber gelacht, aber als er angekommen war, ergriff ihn zwar nicht gerade Angst, doch eine gewisse Unruhe begleitete ihn.

Jedenfalls zuckte er zusammen, als morgens im Vestibül des gemütlichen kleinen Hotels »Leopold« in Schwabing Leute von Radio »Liberty« auftauchten.

Das war so: Als erster trat – sich nach allen Seiten umsehend, ins leere Foyer blinzelnd und verwirrt lächelnd – Jura auf ihn zu.

»Ich komme von Radio ›Liberty‹«, flüsterte er dumpf und sah Iwan Iwanytsch ins Gesicht. Iwan Iwanytsch erfaßte sofort die Bedeutsamkeit dieser Worte und sagte, fast besinnungslos vor Überraschung und Schrecken: »Guten Tag ... warum flüstern Sie?«

»Na, ich dachte«, flüsterte Jura, »vielleicht ...«

»Was vielleicht?« flüsterte Iwan Iwanytsch erbleichend.

»Also, es ist nur«, flüsterte Jura, »ich meine, ob Sie nicht Unannehmlichkeiten kriegen ...«

Die kriege ich bestimmt, dachte Iwan Iwanytsch, sagte aber mit gekünsteltem Lächeln: »Ach was.«

Jura sprach ausgezeichnet russisch. Als kleiner Junge hatte er in Moskau gelebt. Dann war er noch vor dem Krieg mit den Eltern nach Deutschland ausgereist. Die Eltern waren Rußlanddeutsche, und die Sprache hatte sich erhalten.

»Mich bewegt nur«, flüsterte Jura, »daß man bei euch unseren Sender ... nicht wahr? ...«

»Die soll doch der Teufel holen!« flüsterte Iwan Iwanytsch kühn und spürte, wie es ihm kalt den Rücken hinunterlief.

Da kam Galja um eine Ecke. Sie lächelte verkrampft. In ihrem Lächeln mischten sich Entzücken über Iwan Iwanytsch, Reue, Freude über die Begegnung und noch andere kaum spürbare Dinge.

»Oh!« rief sie in ihrem bezaubernden Mezzosopran (er hatte diese Stimme mitunter aus der anderen Welt gehört, sie war nicht zu verkennen, dort hatte sie fordernd und gebieterisch geklungen, hier aber wirkte sie einschmeichelnd und warm). »Wir sind ja so froh, Sie hier zu sehen. Sie haben doch keine Angst, mit uns zu reden? Wir lieben Ihre Lieder so sehr. Wird man Sie in Ihrer Gruppe unseretwegen nicht scheel ansehen?« Plötzlich begann auch sie zu flüstern: Boris Alexandrowitsch, der

Delegationsleiter, ging vorüber. Er lächelte Iwan Iwanytsch zu. Was lag in diesem Lächeln?

Mit Boris Alexandrowitsch war übrigens folgende Geschichte verbunden. Vor einem Jahr war Iwan Iwanytsch, offenbar wegen eines Mißverständnisses, in eine Schriftstellerdelegation aufgenommen worden, die auf Einladung von Australiern nach Australien fahren sollte, zu irgendeinem Literaturfestival. Natürlich strich man im Apparat des ZK Iwan Iwanytsch sofort von der Liste. Iwan Iwanytsch hatte darauf nur verständnisvoll und hoffnungslos geseufzt. Boris Alexandrowitsch aber hatte plötzlich mit der Faust auf den Tisch gehaun und selbst auf die Reise verzichtet. Was war das? Der alte Kommunist und bekannte Literaturkritiker war ein orthodoxer Marxist, aber seine echte Leidenschaft für Literatur, für das Schöne, die man ihm offenbar schon in seiner Gymnasialzeit eingepflanzt hatte, war stärker als die Dogmen. Die politischen Vorurteile gerieten ins Wanken, die Dogmen aber wurden überwindbarer und so weiter und so fort ... Also hieb er mit der Faust auf den Tisch, was in jenen Jahren eine Heldentat war, und Iwan Iwanytsch konnte nicht umhin, das zu würdigen. Die Parteibeamten runzelten die Stirn, machten aber einen Rückzieher, kann ja sein, daß sie später, als sie sich vom Schock erholt hatten, wieder zur Besinnung kamen und den Groll im Herzen bewahrten, wie es ihrer Natur entsprach, hier aber machten sie einen Rückzieher. Die Sache hatte geklappt, und Iwan Iwanytsch reiste, von tiefer Dankbarkeit gegenüber Boris Alexandrowitsch erfüllt, ins ferne Australien.

Jetzt war es München, wohin Boris Alexandrowitsch Iwan Iwanytsch leichten Herzens mitgenommen hatte. Und es war schrecklich, ihn zu enttäuschen.

»Er hat's registriert«, flüsterte Jura, der dem grauen Kritiker mit den Augen folgte.

»Oh!« rief Galja und wurde puterrot. »Kriegen Sie jetzt Ärger?«

»Halb so schlimm«, stieß Iwan Iwanytsch munter hervor, »wen geht es was an, mit wem ich mich unterhalte?«

»Oh, wirklich?« flüsterte Galja erleichtert und lachte auf.

Sich nach allen Seiten umsehend, gingen alle drei zum Hotelausgang. Auch wenn sich Iwan Iwanytsch äußerlich ungerührt gab – die Angst verließ ihn nicht. Das zwang ihn, ein wenig darüber nachzudenken, ob seine Angeberei nicht allzu unanständig wirkte, denn selbst für den oberflächlichen Betrachter waren seine herumirrenden Augen, die gespannten Gesichtszüge und das Zittern, das ihm in Wellen über den Körper rann, unübersehbar. Trotzdem ging er mit ihnen. Neugier zerfraß ihn. Fieber schüttelte ihn angesichts der ungewohnten Situation. Wie ein Spieler tauchte er immer tiefer in einen rätselhaften Sumpf, der süß war und zugleich unheilverheißend. Eine bislang unbekannte Risikolust hatte ihn gepackt. Ihm bereitete es offensichtlich Freude, am Rande eines Abgrunds zu wandeln. Das reizvollste aber war der Wunsch, sich in Szene zu setzen – nicht vor Publikum, nein, vor sich selbst, allein vor sich selbst.

»Werden Sie es noch einmal riskieren, sich mit uns zu treffen?« fragte Galja zartfühlend und wurde puterrot.

»Sofern sie ihn sich nicht vorknöpfen«, spöttelte Jura.

»Machen Sie sich keine Sorgen«, flüsterte Iwan Iwanytsch munter und lächelte bezaubernd, wenn auch mit letzter Kraft, »die können mir gestohlen bleiben!«

»Ihr Kritiker«, erkundigte sich Galja flüsternd, »ist doch natürlich General beim KGB?«

»Na hören Sie!« Iwan Iwanytsch lachte laut. »Ein alter marxistischer Intelligenzler.«

Sie schien es nicht zu glauben.

»Oh?« Um ihre dünnen Lippen spielte ein Lächeln.

»Lotkow aber bestimmt«, bemerkte Jura.

»Aber nein doch, nein«, rief Iwan Iwanytsch empört, »das ist ein naiver Dichter aus der Provinz ...«

Die Ungebührlichkeit von Iwan Iwanytschs Verhalten war zu offensichtlich. Diese Ungezwungenheit, dieses »Gestohlenbleiben«, diese abfälligen Gesten ... Wenn sie bloß schon weg wären! dachte er im nächsten Moment, und gleich darauf waren sie verschwunden mit der Hoffnung auf eine neue Begegnung.

Da tauchte Arnold Lotkow auf.

Großköpfig, breitschultrig, mit traurigen Zigeuneraugen, schweigsam, gütig. Sonderbar, dachte Iwan Iwanytsch, München, Leopoldstraße, Bayern, Radio »Liberty« ...

Vor der Abreise aus Moskau hatte Lotkow entsetzt gefragt: »Was weißt du über München, Alter? Was geht da vor? Sag schon, Alter, was ist los in der Höhle des Löwen? Du hast doch darüber nachgedacht ...«

Damals hatte Iwan Iwanytsch aufgelacht. Hatte mit den Schultern gezuckt und erwidert, dort werde man ja sehen. Wozu sich vorher den Kopf zerbrechen? Damals hatten sie miteinander getuschelt, hatten Informationen ausgetauscht. Lotkow fuhr zum erstenmal ins Ausland, und dann gleich in die BRD! Seine Kenntnisse über die westliche Welt beruhten auf den ungetrübten Vorstellungen seiner Pionierjahre. Er sah deutsche Arbeiter auf zahlreichen Barrikaden, die das finstere München durchschnitten, und aufgeputschte Neonazis, die diese Barrikaden stürmten. Lieder von Ernst Busch und das runde

Gesicht von Thälmann irrlichterten vor seinem Blick und nahmen die Hälfte seines Herzens ein.

»Von wegen Barrikaden!« zischte Iwan Iwanytsch. »Du bist wohl bescheuert? Komm zur Vernunft!«

»Nein, Alter«, brummte Arnold schuldbewußt, »Zieh keine vorschnellen Schlüsse ... Ich weiß ...«

Sie fuhren mit dem Zug nach Deutschland. Zunächst zogen sich vor den Fenstern die vertrauten Weiten Rußlands hin, und Arnold betrachtete sie gleichmütig. Dann erlebte er zum erstenmal eine Grenze. Alles war ungewohnt. Dann ratterten sie durch Polen. Nun ja, Ostpolen beeindruckte nicht übermäßig: Alles wie bei uns. Dafür Westpolen, die soliden Häuser dort, die akkuraten schmalen Felder ... Arnold klebte an den Fensterscheiben.

»Oho!« flüsterte er. »Das ist doch was!«

Dann zog eine Weile die säuberliche DDR vorbei, natürlich sauberer als Polen, solider. Lotkow stöhnte noch schwerer, noch verzweifelter. Er aß und trank nicht. Er betrachtete und verglich. Erst bei Einbruch der Dunkelheit schlief er endlich ein, doch als Iwan Iwanytsch am Morgen aufwachte, saß Lotkow bereits wieder am Fenster, und sein Gesicht sah schrecklich aus vor Leiden. Da erstreckten sich die Landschaften der BRD, funkelten graublaue Autobahnen, göttliche, wie gemalt wirkende Wälder und kleine Städte, alles wie aus dem Ei gepellt, wie ausgesucht – große Städte, die aussahen wie soeben erst gebaut, und Dörfer wie Ausstellungsmuster. Ein unbekannter, angenehmer Wohlgeruch schien sich im Wagen zu verbreiten, und Arnold schrie fast »Oooh« – wehmütig wie ein Hirsch vor dem Fangstoß. Im Schock, mit hervorquellenden Augen stieg er in Köln in einen Vorortzug um, und während wir an den Ufern des wunderschönen Rheins entlangfuhren, vorüber an alten, leuchtenden Burgen auf den umliegenden Hügeln, vorbei an der Lorelei, saß er mit tief gesenktem Kopf da und stöhnte leise.

Nun aber stand er vor Iwan Iwanytsch, schon geheilt vom Weh. Nachdem er einige Tage in München verbracht hatte, war er zwar noch nicht endgültig kuriert, doch bereits wieder zurechnungsfähig, jedenfalls fast ... Er pfiff sogar beim Gehen. Iwan Iwanytsch aber fühlte sich ihm, während er ihn ansah, sofort überlegen, denn wäre jener Jura an Arnold herangetreten und hätte gesagt: »Ich komme von Radio ›Liberty‹« – Arnold Lotkow wäre leblos zusammengebrochen.

In den Händen hielt er Plastikbeutel, vollgestopft mit Souvenirs, und nach weitverbreitetem Muster witzelte er lächelnd: »Jetzt habe ich die verfaulenden Kapitalisten ruiniert.«

Einkaufen war angenehmer und leichter, als auf zahlreichen Pressekonferenzen höfliche, aber scharfe, oft sogar erbarmungslose Fragen von Münchner Journalisten und alteingesessenen Emigranten zu beantworten; Arnold freilich vergaß, während er sich am Anblick der Schaufenster und Verkaufstische erfreute, die bevorstehenden offiziellen Begegnungen nicht, er legte das Gesicht in Falten, und seine Zigeuneraugen überzogen sich mit einem grauen Schleier von Wehmut. Natürlich, sobald entfesselte Interviewer provokatorische Fragen stellten, mußte man antworten. Und wenn einem die Argumente fehlten, weil es einfach keine gab, dann blieb einem nichts anderes übrig, als aufzuschneiden, sich etwas auszudenken, was beschämend war und im Auditorium Gelächter hervorrief. Doch man mußte sich herauswinden, denn schließlich kam man wieder zurück nach Moskau, würde dort unweigerlich ausgefragt werden. Jämmerliche Rechtfertigungen wurden dort nicht anerkannt, dort lebten auch keine Dummköpfe. All das trug selbstverständlich nicht zu Ungezwungenheit und einem angenehmen Aufenthalt bei, und Arnold, der am westlichen Leben Geschmack fand, blieb dennoch gespannt und gehemmt – ein Ausdruck von Schrecken wich bis zuletzt nicht aus seinem gütigen Zigeunergesicht. Er bekam wirklich mehr ab als Iwan Iwanytsch, denn es hatte sich so ergeben, daß man Iwan Iwanytsch rein literarische Fragen stellte, zum Beispiel, woran er jetzt arbeite und was Jewtuschenko mache. Überdies wartete man darauf, daß er zur Gitarre griff und zu singen begann. Boris Alexandrowitsch und Arnold aber wurden gefragt, ob sie nicht die Sowjetunion für einen totalitären Staat hielten oder ob sie nicht meinten, daß die gesamte Partei schuld sei an den Verbrechen am Volk – nicht nur Stalin oder dieser Berija. Gewöhnlich antwortete der Kritiker mit der ihm eigenen orthodoxen Aufrichtigkeit, und das wurde irgendwie geschluckt, weckte nicht den Wunsch nach Streit oder Schadenfreude. Doch über Arnold, über seine Furcht machte man sich unverhohlen lustig und versuchte sogar, ihn in die Enge zu drängen.

»Mit irgendwas errege ich diese Weißemigranten«, beklagte er sich bei Iwan Iwanytsch in den Pausen und wischte sich den Schweiß ab. »Wieso haben sie sich so in mich verbissen, Alter? Wollen sie Rache für Siwasch*?«

Jetzt ging die Bedrohung nicht mehr von den Neonazis aus, sondern von den ehemaligen Weißgardisten. Kaum trat ein Unbekannter an Arnold heran und sagte

* Der Siwasch begrenzt im Osten die Landenge von Perekop, die das Festland mit der Krim verbindet und 1920 im Bürgerkrieg umkämpft war. (Anm. des Hrsg.)

auf russisch, zwar sehr wohlwollend, sogar herzlich, aber eben auf russisch: »Guten Tag, Herr Lotkow«, da sprang Arnold auch schon beiseite und wehrte ihn ängstlich mit der Hand ab.

»Hast du seine Augen gesehn?« fragte er Iwan Iwanytsch. »Was habe ich von seinem Lächeln? Hast du die Augen gesehn? Als würde er gleich zuschlagen. Paß auf, Alter, paß auf, laß dich nicht einwickeln. Ich weiß, da gibt's nichts zu lachen.«

Iwan Iwanytsch tat Arnold leid.

Einmal hatten sie eine Veranstaltung in Regensburg. Geplant war, daß wie gewöhnlich Boris Alexandrowitsch und Lotkow auf die wesentlichen Fragen antworten würden, Iwan Iwanytsch aber erwartete man außerdem mit seiner Gitarre.

Der Mensch gewöhnt sich an vieles. Nach und nach. Dazu braucht es weder irgendwelcher Mixturen noch eines psychischen Umbruchs. Allmählich verändert sich alles in ihm, einstige Vorstellungen werden lächerlich, und Ängste verblassen. Das sind wirklich keine Tragödien, sondern Farcen. Das heißt natürlich nicht, daß alle gleichzeitig und gleichermaßen weiser und edler werden: Bei dem einem geht das schneller, bei einem anderen langsamer, und ein dritter kann durchaus in der früheren Unvernunft sterben. So war auch Iwan Iwanytsch nach und nach seine Anspannung und seine Aufregung losgeworden, die ihm, obwohl er sie vor Außenstehenden zu verbergen suchte und sich souverän gab, nicht wenig zugesetzt hatten. Natürlich, wie kann man nur in jedem sympathischen Menschen, der einem begegnet, einen potentiellen Bösewicht argwöhnen! Sobald man aber dieses Gefühl los ist, fühlt man sich gesundet und nahezu glücklich.

Und nun entdeckte er in Regensburg, kaum auf die Bühne getreten, in der ersten Reihe mit lächelnden Gesichtern Jura, Galja und Lena nebst Ignaz. Sie nickten ihm ermutigend zu. Noch blieben einige Minuten bis zum Beginn. Der kleine Saal war überfüllt. Leichtfüßig sprang Iwan Iwanytsch von der Bühne und drückte vor Boris Alexandrowitschs und Lotkows Augen seinen neuen Bekannten die Hand, umarmte seine alten Freunde Lena und Ignaz.

Deren Geschichte aber war folgende. Ignaz, ein polnischer Jude, hatte vor dem Krieg in Lwow gelebt. War im kommunistischen Jugendverband gewesen und später Kommunist. Natürlich ein Illegaler. Alles war wie im Lehrbuch: Geheime Zusammenkünfte, Plakatekleben, Verhaftungen, Flucht, Prügel und fanatische Ergebenheit an die Idee – vor sich die Weltrevolution, im Osten die Sowjetunion, die Heimat aller Proletarier, Stalin, beglückende Hoffnungen. Hochgewachsen und breitschultrig, stark wie ein Schauermann, mit kindlichem Lächeln auf dem großflächigen Gesicht und Weltschmerz in den jüdischen Augen. Da begann der Krieg, Polen geriet in Brand, und alles war zu Ende. Viele polnische Kommunisten erhielten nach dem blitzartigen Zusammenbruch ihres Landes im Sowjetstaat Asyl. Darunter Ignaz. Man schickte ihn nach Mittelasien, damit er unter polnischen Flüchtlingen politische Arbeit leistete. Was er da an Begeisterung einbrachte, an Leidenschaft, an Arbeit ohne Schlaf und Erholung – schwer zu beschreiben. Die unmittelbare Bekanntschaft mit dem sowjetischen Leben rief bei dem jungen Enthusiasten zwar einige Verwunderung hervor, doch er ließ sich von unerfreulichen Erscheinungen nicht irremachen, hielt an seinem unverbrüchlichen Glauben fest. Bald aber holte ihn der große Krieg in der Sowjetunion ein. Das Unglück hatte beide Länder betroffen, da einte sie auch die Hoffnung. Jetzt erhielt er den Auftrag, die Bildung von polnischen Streitkräften voranzutreiben. Schon hatte er da mit noch größerer Anstrengung zu arbeiten begonnen, als sie ihn in einer der wunderschönen Nächte holen kamen, seine kärgliche Habe durchwühlten und ihn ins örtliche Gefängnis abführten. Aus Gewohnheit schrie er noch weiter allerlei vertraute Losungen und Schwüre, doch er wurde der Spionage beschuldigt, mehrmals geschlagen und nach Magadan verbannt. Ich will seinen Weg nicht beschreiben, seine Verfassung, die dem Wahnsinn nahekam, seine Jahre in der Zwangsarbeit. All das in der härtesten Kategorie, aber an seiner Seite fanden sich ebenso unglückliche kluge Menschen, die ihm dies und das erklären konnten. Oh, wie tragisch war es, den Glauben zu verlieren! Wie lange widersetzte sich sein leidenschaftliches Wesen! Doch die Umstände waren unerbittlich, er war ein gelehriger Schüler, und vom einstigen Fanatismus blieb allmählich kaum eine Spur übrig, nur das bittere Gefühl verlorener Jahre.

Parallel dazu verlief ein anderes Leben, das von Lena. Sie war eine junge Komsomolzin aus einer Kosaken-Staniza am Kuban. Kaum zeichnete sich ab, daß die Deutschen nach der Eroberung von Rostow ohne Schwierigkeiten nach Süden vorrücken und bald im Tal des Kuban sein würden, kaum hatte die Nervosität vor dem Ansturm eingesetzt, kaum war ihr das von einem deutschen Flugzeug abgeworfene erste Flugblatt mit dem gedankenlosen, unverschämten Lied in roter Schrift auf gelblichem Papier in die Hände geraten »Rostow erobern wir mit Bomben, den Kuban mit der Harmonika«, kaum war das geschehen, folgte die junge Patriotin dem

Ruf ihres Herzens, ließ sie sich ohne viel Worte bei einer Partisanenabteilung eintragen und wurde dort Krankenschwester. Die junge Sanitäterin des Jahres 1942 mit ihren wundersam blauen Augen und dem spöttischen Mund hatte das Partisanenleben mitgemacht, war am Kopf verwundet worden, und nachdem man sie in einem geheimen Partisanenlazarett notdürftig wiederhergestellt hatte, war sie auf verborgenen Wegen hinter die Frontlinie gebracht worden. Hier wurde sie im Krankenhaus geheilt. Dann sprachen stille, schmeichlerische Geheimdienstler mit ihr, verurteilten sie wegen Verrats und schickten sie nach Magadan. Dort überlebten Lena und Ignaz die Schinderei, ohne daß sich ihre Wege gekreuzt hätten. Sie lernten sich erst viele Jahre nach dem Krieg kennen, als sie wieder frei waren. In einem kleinen Krankenhaus verliebte sich unsere Krankenschwester in den dicklippigen Bruder Lustig, der das menschliche Antlitz noch nicht verloren hatte – betört auch von seinem honigsüßen polnischen Akzent und einer tiefen, unverbrauchten Zärtlichkeit im kindlichen Blick. Übrigens war die Anziehung gegenseitig, und die Krankenschwester heiratete den jungen Sanitäter. Ebenda kam, wie im Märchen, die Anordnung, alle ehemaligen polnischen Bürger müßten in ihre Heimat zurückkehren. Können Sie sich vorstellen, was das hieß? Welche Freude, wieviel Tränen und Küsse. Sie fuhren also los und gelangten nach Warschau, wo Ignaz völlig unerwartet von seinen ehemaligen Parteigenossen empfangen wurde, die jetzt schon hohe Posten innehatten. Sie wußten natürlich alles über sein Martyrium, hatten freilich auch selbst genug durchgemacht. Sie setzten ihm auseinander, daß nun ein neues Leben beginne, daß die Partei jetzt nicht mehr zulassen werde, daß Unrecht geschehe, und daß er nach all den ungeheueren Verlusten für leitende Tätigkeiten gebraucht werde. Ignaz aber, das gebrannte Kind, der die Magadaner Universitäten durchlaufen hatte, ließ sich weder durch Losungen noch durch Macht verlocken. Man könnte sogar sagen, es sei eine nützliche Schule gewesen, würde es einem nach ihr nicht blutig aufstoßen. Auch früher hatte er sich schon im Schreiben versucht, hatte dies und das verfaßt, für sich selbst, jetzt aber begann er aus dem Russischen ins Polnische zu übersetzen, begann zu publizieren, stieß auf Iwan Iwanytsch, übersetzte einige seiner Gedichte, fuhr hin und wieder nach Moskau. Sie schlossen Bekanntschaft und faßten herzliche Zuneigung zueinander. Lena arbeitete in einem Warschauer Krankenhaus. Eine Tochter wurde geboren, zwei Jahre später eine zweite. Das jüdische und das Kosakenblut ergaben eine prächtige und vielversprechende Mischung. Da stellte sich aus heiterem Himmel heraus, daß für Juden in Polen kein Platz war. Dieselben Leute, die Ignaz nach seiner Rückkehr aus Magadan willkommen geheißen hatten, diese Internationalisten von gestern konnten ihm nicht mehr in die Augen sehen. Was mit ihm los war, läßt sich nicht beschreiben. Der große, schwergewichtige Mann, der genug Gift aus der Schale des Lebens getrunken hatte, schluchzte nachts laut. Daß er ein alter Kommunist war, half ihm nicht. Lena erwies sich als tatkräftiger. Während er sich die Tränen abwischte und immer wieder fragte: »Mamotschka, was machen wir nur?«, beschloß sie: »Wir ziehen von hier weg, zu den Kapitalisten! Ehe es zu spät ist ... Hörst du, Ignaz, ehe es zu spät ist ...« Von dem, was dort, bei den Kapitalisten, sein würde, hatte sie nur eine vage Vorstellung, aber eins war klar, ihre jüdisch-kosakischen Sprößlinge, ihre Ewotschka und Oletschka, würden da in Sicherheit sein. Schnell packten sie ihre Siebensachen und sagten der Heimat Lebwohl. Aus irgendeinem Grund fuhren sie nach Schweden. Dort hatten sie zu essen, lebten in Ruhe und Frieden, dennoch ergriff sie Schwermut, sie hatten keine Freunde, keine Bekannten. Bald luden Freunde sie nach München ein. Sie fuhren hin. Fast mittellos, ohne sichere Perspektiven, mit einer dünnen Mappe ins Polnische übersetzter russischer Gedichte. Wer brauchte sie dort? Lena verdingte sich als Putzfrau. Ignaz war im Begriff, als Geschirrwäscher in einem Café anzufangen. Alles für die beiden großäugigen, großmündigen unschuldigen Mädchen. Plötzlich bot Radio »Liberty« Ignaz eine Stelle in der polnischen Redaktion und eine Wohnung an. Allmählich kamen sie zu sich. Jetzt also umarmte Iwan Iwanytsch die beiden, und das vor Boris Alexandrowitschs und Lotkows Augen, die ihn, wie ihm schien, unverhohlen anstarrten. Zum Teufel mit ihnen! schrie in ihm etwas Verzweifeltes, Tollkühnes, vielleicht Russisches, vielleicht Kaukasisches – wer weiß?

»Eure KGB-Leute sehen alles«, warnte Galja.

»Sie sind gar keine KGB-Leute«, sagte Iwan Iwanytsch, »Ich hab Ihnen doch gesagt ...«

»Egal.« Sie lachte in ihrem Mezzosopran. »Trotzdem haben sie was von Kommissaren an sich.«

»Und Kommissare mit ihren staubigen Helmen ...«*, zitierte Ignaz.

»Das ist doch was ganz anderes«, sagte Galja gedehnt.

Iwan Iwanytsch sah sich nach Lotkow um. Der saß in einem Sessel auf der Bühne und starrte gedankenlos in den Raum, bleich und reglos. Wieder tat er ihm leid, obwohl der Provinzler ihn auch etwas reizte.

* Zeile aus Bulat Okudshawas »Sentimentalem Marsch«. (Anm. des Hrsg.)

»Galja«, sagte Iwan Iwanytsch, »ich möchte Sie um etwas bitten: Erproben Sie an ihm nicht ihre Waffe. Er ist kein Gegner, sondern ein ganz gewöhnlicher Dummkopf.«

»Oh!« rief Galja verwundert.

»Was? Was?« fragte Jura.

»Otar Otarytsch bittet, diesen ... Lotkow zu schonen. Ah?« Sie lachten, und Jura teilte seinen Leuten im Saal leise Iwan Iwanytschs Bitte mit.

Boris Alexandrowitsch schlug sich also allein. Lotkow zuckte zuerst wie gewöhnlich zusammen, sooft man sich an ihn mit einer Frage wandte, aber er wurde nach läppischem Zeug gefragt. Woran Herr Lotkow arbeite? Wie das literarische Leben in der Provinz verlaufe? ... Schließlich beruhigte er sich, und gegen Ende des Abends wirkte er wie ein Sieger. Als aber alles zu Ende war, sagte er zu Iwan Iwanytsch: »Die sind erschöpft, Alter! Uns kann keiner!«

Sie mußten schon ins Auto steigen, um nach München zurückzukehren, da umringten sie junge Leute und überschütteten sie mit Fragen nach Moskau, nach verschiedenen Dingen des russischen Alltags. Dann meldete sich noch ein Rundgesichtiger.

»Ich heiße Edik. Wenn Sie sich für Bücher interessieren, Otar Otarytsch, ich kann Ihnen welche ins Hotel bringen. Umsonst ... was immer Sie wollen.«

»Was für Bücher?« fragte Lotkow, der daneben stand, nervös.

»Alle möglichen«, sagte Edik und lächelte sympathisch.

»Sowjetische Ausgaben?« krächzte Lotkow.

Alle verstummten.

»Warum denn sowjetische«, sagte Edik, »unsere, welche von hier ... was immer Sie wünschen.«

»Brauche ich nicht!« wies Arnold ihn ab.

Indessen hatte Iwan Iwanytsch die Situation begriffen und erkannt, daß ein Umgehungsmanöver nötig war, anderenfalls könnten Lotkows unvorhersehbare Reaktionen sogar gefährlich werden. Im Nu hatte er die möglichen Varianten überschlagen, eine sehr glückliche ausgewählt und sagte nun beschwichtigend: »Das ist ja herrlich ... Arnold beispielsweise liebt die Poesie.« (Das war wirklich so.) Er zwinkerte Edik zu. »Wenn Sie ihm die vierbändige Gumiljow-Ausgabe besorgen könnten ...«

»Ach«, stieß Arnold hervor, »wäre das denn möglich?«

»Alles ist möglich«, sagte Edik gleichgültig.

Den ganzen Weg bis München schwieg Lotkow jedoch finster: Einerseits ging es um verdächtige weißgardistische Ausgaben – und dann all das sonderbare Emigrantengehabe ringsum –, andererseits sollte er den geliebten Gumiljow erhalten, obendrein umsonst! Der Kampf in seinem Innern war grausam – Iwan Iwanytsch erriet es mit Leichtigkeit.

Spät erst, nach Mitternacht, erreichten sie das Hotel »Leopold«, und da teilte der Portier Iwan Iwanytsch mit, daß man ihn aus London angerufen habe und wieder anrufen wolle. Man mußte gesehen haben, wie verwundert Lotkow die Augenbrauen hob.

Iwan Iwanytsch saß in seinem kleinen, unscheinbaren Hotelzimmer und wartete erschauernd auf den Anruf. Man stelle sich vor – aus London! Jetzt ist es so weit, jubelte es ihn ihm. London, dann Paris, dann New York! ... So geht das also! Ungestüm, wie ein Frühlingsstrom! Über die Grenzen, über beliebige Verbote und Mißgunst hinweg, über Barrieren, mit kräftigen Flügelschlägen.

Er lief durchs Zimmer, empfand zum erstenmal wirklich Anwandlungen von Eitelkeit. Schon hatte ein duftendes Wölkchen von Verführung ihn nahezu völlig eingehüllt, ihn nahezu bedeckt, ihm die Kraft geraubt. Er nahm sich zusammen und griff zu einem alten Heilmittel: Mit Macht zog er den Kopf aus dem Nebel und blickte auf das, was gerade vor sich ging, gewissermaßen als Außenstehender. Schon sah er ein kleines Hotelzimmer des unbedeutenden Hotels »Leopold«, und da war er selbst, eitel und mit krummem Rücken, mit gelichtetem Haarschopf, krampfhaft am Speichel schluckend und plötzlich vom Glauben beseelt, er allein, mit seinen vielleicht netten, sogar rührenden Gedichtchen könne die Menschheit beglücken. Rennt auf seinen dünnen Beinen im Zimmer herum und wartet sehnsüchtig auf einen Anruf aus London (man stelle sich vor, aus London!), statt laut aufzulachen, sich schlafen zu legen und das Telefon klingeln zu lassen. Ihm fiel eine nicht weit zurückliegende Begebenheit aus Moskau ein. Er war in eine sehr hohe Institution bestellt worden, dort hatte man ihn in ein geräumiges Dienstzimmer gewiesen, und der Herr dieses Dienstzimmers, von dem die Moskauer Literaten mit ehrerbietigem Flüstern und verächtlichen Grimassen sprachen, war ihm hinterm Schreibtisch hervor entgegengekommen und hatte ihm die heiße Hand gereicht. Sie sprachen über allerlei literarische Angelegenheiten, unbedeutende und zufällige, die offensichtlich nur als Vorwand dienten, die Bekanntschaft herzustellen. Das heißt, der andere redete, und Iwan Iwanytsch gab ihm wie gewöhnlich recht. Der andere aber sagte unter anderem: »Was ich unverständlich finde ... Einerseits könnte man denken, da sei nichts Besonderes ... ach, Arbat, mein Arbat* ... Nichts da-

* Hier und im folgenden wird auf Gedichte von Okudshawa angespielt: »Lied vom Arbat«, »Mitternachtstrolleybus«, »Auf Wiedersehen, Jungs«. (Anm. des Hrsg.)

gegen einzuwenden – ein bekanntes Detail, oder beispielsweise der Mitternachtstrolleybus ... natürlich, wir haben Mitternachtstrolleybusse, sie verkehren, und sie sammeln die Moskauer ein ... oder dies: Ach, Krieg, was hast du uns angetan ... Wirklich, auch klar. Wieviel Zerstörungen, Opfer, wieviel Leid ... Einerseits. Andererseits aber – all das erzeugt ungesunde Stimmungen, ja, ungesunde, weil, wenn das alles aufeinander folgt, ohne, wie es heißt, lebensbejahende Zwischentöne, also, da könnte man sich ja gleich den Strick nehmen ... Verstehn Sie? Oder, beispielsweise, verdammter Krieg ... Das ist doch Lästerung, sogar ein Verbrechen, oder nicht? Krieg, verdammter, was hast du uns angetan! ... Für die Faschisten ist er verdammt, aber für uns ... ist's nicht so?«

»Natürlich«, stimmte Iwan Iwanytsch zu, denn er neigte zu Kompromissen.

»Nun, sehen Sie, man könnte zum Beispiel ein Wort austauschen, zum Beispiel sagen langer Krieg ...«

»Ja, aber dann stimmt der Rhythmus nicht mehr«, sagte Iwan Iwanytsch.

»Zum Kuckuck damit!« Der Gesprächspartner lachte auf und blinzelte freundschaftlich. »Was bedeutet schon der Rhythmus. Manche schreiben gänzlich in freien Rhythmen ...«

»Ja«, sagte Iwan Iwanytsch, denn er spürte, wie nichtig all die Worte, Wörtchen und Rhythmen angesichts dieser kalten, rätselhaften Machtperson waren.

Er verließ die Institution, schüttelte wie gewöhnlich sein Gefieder und trat weiterhin in verschiedenen halblegalen Sälen auf und sang: »Krieg, verdammter, was hast du uns angetan ...« Nichts geschah. Niemand rührte ihn an. Und der Gedanke an den kürzlichen beschämenden

Kompromiß machte ihm nicht weiter zu schaffen. Doch er entdeckte ein sicheres Mittel: Kaum schwindelte ihm der Kopf vor Begeisterung über gerade erst zusammenphantasierte neue Verse, da stieß ihn gewissermaßen jemand an den Ellenbogen, und seine Hand faßte wie von selbst nach dem Buch eines anderen, da aber standen solche Gedichte drin, daß sofort wieder alles an seinen Platz rückte und es keinen Grund mehr gab, nervös zu werden und im Vorgefühl kommenden Ruhms mit den Beinen zu zappeln. Ein sehr gefühlloser und böser Mensch hat einmal gesagt, Ruhm sei eine postume Angelegenheit. Wie bitter das auch klang – darüber herrschte Einigkeit.

Er beruhigte sich merklich, wollte sich schon hinlegen, aber da kam der Anruf aus London.

»Herr Otar Otarytsch«, erklang es deutlich im Hörer, »hier Smith vom ›Guardian‹.«

»Sehr angenehm«, sagte Iwan Iwanytsch, verwundert über die reine russische Aussprache von Mr. Smith.

»Ich würde gern ein Interview mit Ihnen machen ...«

»Telefonisch?« fragte Iwan Iwanytsch verwundert.

»Nein, wieso.« Mr. Smith lachte.

»Und wo sind Sie?«

»In London, aber ich nehme ein Flugzeug, falls Sie ...«

»Bitte schön, und wann?«

»Na, beispielsweise übermorgen früh, wenn Sie nichts dagegen haben.«

»Einverstanden«, schrie Iwan Iwanytsch in den Hörer, »kommen Sie nur.«

Er warf einen Blick in den Spiegel. Da hastete jemand mit hungrigem Glanz in den Augen und weitgeöffnetem Mund hin und her ... Wer ist dieser Wahnsinnige? fragte er sich, während er wieder zu sich kam und sogar

Triumph empfand. Er war begeistert von der Leichtigkeit, mit der Mr. Smith seine Arbeit erledigte. So begeistert schlief er ein.

Am nächsten Tag erschien gegen Abend Edik mit einer großen Tasche voller Bücher. Vier Bände Gumiljow legte Iwan Iwanytsch sofort beiseite und sah sich die anderen an. Die Einbände verbrannten ihm die Hände. Ein Titel war bemerkenswerter als der andere. Noch kam ihm nicht der Gedanke, das sei verurteilenswert. Die Finger zitterten ihm vor Entzücken über das Phantastische des Vorgangs. Trotzkis »Porträts von Revolutionären«, »KGB heute« von J. Barron, A. Denikins »Skizzen vom russischen Aufruhr«, »Der Sinn der Geschichte« von N. Berdjajew, V. Nabokovs »Lolita« und vieles andere, ebenso herrlich und unschätzbar! O Neugier, die stärker ist als die Angst! O Versuchung, süß und unüberwindlich! O Wunder, das seine Lieder bewirkt hatten, was denn sonst?

Edik verschwand und ließ den Berg wertvoller Bücher zurück. Zum Abschied sagte er: »Falls Ihnen noch was einfällt – bitte. Für mich ist das kein Problem.«

Er hinterließ seine Telefonnummer.

Iwan Iwanytsch wischte sich den Schweiß von der Stirn wie nach einer erfolgreichen Jagd, weidete sich noch ein Weilchen an seinem Reichtum, legte dann die Bücher in einen Koffer, und plötzlich merkte er, daß sein Schweiß kalt war. In diesem Augenblick klopfte jemand an die Tür – leise, ganz leise. Er erstarrte. Es klopfte erneut. Iwan Iwanytsch blickte erschrocken auf den Koffer, der von Büchern überquoll, und riß resignierend die Tür auf – dahinter stand niemand. Ein Fingerzeig des Schicksals, dachte er mit jämmerlicher Grimasse und rief im Nebenzimmer bei Arnold an.

»Lotkow, komm mal zu mir.«

Arnold, von der abendlichen Einsamkeit geradezu benebelt, erschien umgehend.

»Da«, sagte Iwan Iwanytsch beiläufig, »das ist für dich.« Er zeigte mit dem Finger auf die vierbändige Ausgabe.

Arnold errötete, streckte seine derbe Bauernpranke nach den Büchern aus, kniff die Augen zusammen, berührte die Einbände mit einem gekrümmten Finger und sprang sofort zurück.

»Alter«, krächzte er, »wer ist dieser Mensch?«

»Na hör mal.« Iwan Iwanytsch lachte. »Nimm, was man dir schenkt, es ist schließlich Gumiljow ...«

»Ich muß aber wissen, von wem ich das annehme«, stöhnte Lotkow, ohne den Blick von der Ausgabe zu wenden.

Iwan Iwanytsch korrumpierte Lotkow bewußt und grausam. Arnold mußte die Bücher um jeden Preis annehmen, damit das Ende vom Strick fest in Iwan Iwanytschs Hand blieb.

»Das ist was ... was ist das für ein ... das ist der Verlag ›Possev‹«, stieß Lotkow das in Moskau unaussprechliche Wort hervor. »Wer ist er? Warum umsonst?«

»Was hat das mit ›Possev‹ zu tun?« rief Iwan Iwanytsch, dreister werdend, empört. »Er ist ein Bekannter von mir. Einfach ein guter Mensch. Er weiß, was diese Bücher für uns bedeuten ... Nimm sie, guter Arnold, freu dich drüber. Ihn kostet es ja nichts, glaub mir. Was sind schon ein paar hundert Mark ...«

Da schnaufte Arnold, und eine große Träne rann ihm wie zufällig aus einem Auge.

»Alter«, sagte er gegen die Decke, »wer hat uns nur so gemacht? Wer eigentlich? Und warum?« Er schwieg eine Weile und fuhr dann launisch, aber fest fort: »Trotzdem ... von wem ist dieses Geschenk? Was soll ich sagen?«

Armer Arnold, dachte Iwan Iwanytsch, während er beobachtete, wie Furcht und Entzücken den riesigen Mann schüttelten.

»Weißt du«, sagte er mit der Intonation eines Verwandten, der sich über einen rettenden Gedanken freut, »weißt du, Arnold, statt daß du dir den Kopf zerbrichst, denk einfach, ich hab dir das geschenkt! Warum solltest du von mir nichts annehmen? Stimmt doch? Nimm's, Arnold, nimm es, komplizier nicht alles ...«

Die Verführung war stärker, und nachdem Lotkow sich noch einen Augenblick geziert hatte, streckte er seine Pranken aus.

»Ach ja, wenn du ...« Er umfaßte alle vier Bände, »wenn du sie mir schenkst ...«, er drückte sie an seine breite Brust, »von dir nehme ich sie an ... du hast sie gekauft und mir geschenkt ... ich nehme sie an ...« Langsam ging er zur Tür, die Bücher im Arm wie ein letztes Kind, das er unter tragischen Umständen bekommen hatte. So ging er, verneigte sich unbeholfen und lächelte verwirrt.

»Hat er's angenommen?« erkundigte sich Edik, als sie sich wieder trafen.

»Ja«, sagte Iwan Iwanytsch, »seine Hände haben gezittert ...«

»Wenn Sie wollen«, sagte Edik, »kann ich Sie auch in Moskau mit Büchern versorgen.«

Iwan Iwanytsch riß die Augen auf. Das war absolute Phantastik.

»Wie wollen Sie sie denn hinschaffen?« fragte er mit angehaltenem Atem.

»Das soll unsere Sorge sein.« Edik lächelte. »Unser

Mann kommt und bringt Ihnen die Bücher. Einverstanden?«

»Edik«, sagte Iwan Iwanytsch, ins gewohnte Flüstern übergehend, »und wie erfahre ich, ob das IHR Mann ist? Wenn das nun eine Provokation ist? Bei uns kriegen sie so was fertig ...«

»Ich weiß.« Edik war ganz ruhig. »Wir verabreden etwas. Sehen Sie, da gibt es verschiedene Mittel, beispielsweise ...«, er wühlte in seiner Aktentasche, zog eine dünne Miniaturausgabe von Gedichten der jungen Rimma Kasakowa heraus, »wir nehmen das Büchlein so, dann reißen wir es so auseinander ...«, er zerriß es in zwei Hälften, »diese Hälfte nehmen Sie, nehmen Sie schon, nehmen Sie sie, und die zweite Hälfte wird Ihnen unser Mann zeigen ...«

Iwan Iwanytsch stockte der Atem angesichts der bevorstehenden Gefahr, aber er ließ es sich nicht anmerken und fand die Kraft, bezaubernd zu lächeln.

»Ist es Ihnen recht?« interessierte sich Edik ganz beiläufig. »Also warten Sie.« Er verstaute seine Hälfte in der Aktentasche.

Iwan Iwanytsch ertappte sich dabei, daß er trotz seiner Furcht Vergnügen daran empfand, in ein Geheimnis eingeweiht zu sein.

»Edik«, fragte er, verraten Sie dennoch, wie Sie die Bücher hinbekommen? Es gibt doch ausgezeichnete Grenzer, Zöllner und allerlei Verfahren ...«

»Na ja, Wege gibt es viele«, sagte Edik, »verschiedene Leute nehmen sie mit, Dienstreisende beispielsweise, ein Risiko ist schon dabei, den einen oder andern erwischen sie auch, aber hin und wieder kommt doch einer durch, und wenn es große Mengen sind, dann machen es Seeleute ...«

»…?«

»Wir haben eben ein großes Netz unter den Seeleuten…« Edik lachte. »Manchmal stecken wir ihnen sogar etwas Valuta zu, nicht viel freilich, bloß als Anreiz, das sind natürlich keine Marinesoldaten, das dürfen Sie nicht denken, sondern welche von der Handelsflotte…«

»Und dann?«

»Und dann stoßen sie alles in einem russischen Hafen an Zwischenhändler ab, die bringen es auf den schwarzen Markt, und alle sind zufrieden…«

»Bis sie ein Major Pronin* erwischt…«

»Ohne das geht's nicht«, pflichtete Edik ruhig bei, »Handel ist immer ein Risiko.« Er lachte.

Am nächsten Morgen erwartete Iwan Iwanytsch seinen Gast aus London. Und der kam.

Ein grauer Anzug wie von einem Warschauer Schneider. Hornbrille auf dem fleischigen Gesicht. Etwa fünfundvierzig Jahre alt. Großgewachsen, noch nicht unter der kürzlich erworbenen Fettleibigkeit leidend. Offenbar kontaktfreudig: auf den vollen Lippen ein einnehmendes Lächeln. Offenbar recht geschäftstüchtig: Schließlich ist es kein Spaß, wegen irgendeines Iwan Iwanytsch einfach von London nach München zu fliegen.

»Ich bitte um Nachsicht«, sagte Mr. Smith, nachdem er es sich im Sessel bequem gemacht hatte, »ich bin nicht Mr. Smith… ich bin John Gloff.«

Iwan Iwanytsch hätte fast aufgeschrien, als er den skandalträchtigen Produzenten seiner englischen Platte vor sich sah, doch er bezwang sich und blickte durchaus manierlich drein.

* Anspielung auf einen Kriminalroman von L. Owalow: »Die Abenteuer von Major Pronin«. (Anm. des Hrsg.)

»Wozu aber die ganze Tarnung?« fragte er, träge mit den Schultern zuckend.

»Sehen Sie, das hat Gründe«, sagte der Besucher, »ich hatte Angst, Sie würden sich nicht mit mir treffen wollen.«

»Warum?« erkundigte sich Iwan Iwanytsch hinterlistig.

»Na ja ... bei Ihnen wird weiß der Teufel was über mich geredet: Mal soll ich ein Agent des CIA sein, dann wieder fast ein Mitarbeiter des KGB ...« Er wieherte. »Dabei bin ich weder das eine noch das andere, sondern einfach ein Plattenproduzent.«

»Nehmen wir mal an«, sagte Iwan Iwanytsch und betrat den geheimnisvollen Kreis bislang noch unerforschter westlicher Spiele, »nehmen wir an, das ist so. Aber warum haben Sie plötzlich eine Platte mit meinen Liedern herausgebracht?«

»Ich liebe Ihre Lieder«, bekannte Gloff. »Als sie in meine Hand gerieten, fing ich Feuer und dachte gar nicht an kommerziellen Erfolg, ich hatte einfach Feuer gefangen. Und brachte sie heraus ... Ich liebe Ihre Lieder sehr ...« Er wieherte los. »Ich habe diese Platten nach Paris in das Geschäft zu Morosow gebracht, wissen Sie ... Morosow? Das ist der Direktor der russischen Buchhandlung. Er war aber leider weggefahren, und dort saß nur der Hauptbuchhalter, der hörte sich die Platte an, runzelte die Stirn und sagte: ›Soll das etwa Kunst sein? Nein, damit handeln wir nicht.‹ Ich habe ihn mit Müh und Not überredet, wenigstens zwei, drei Platten zur Probe zu nehmen. Und sie waren im Handumdrehn verkauft!« Er lachte auf. »Und so ging das immer weiter. Der Buchhalter war ganz verdattert. Ich liebe Ihre Lieder, aber hier verband sich das Angenehme mit dem Nützlichen ... Ich weiß doch, wie Ihr Regime Sie einschätzt. Und auf diese Weise habe ich Ihrem Regime eins ausgewischt.« Er lachte. »Das ist ein groooßes Vergnügen! Sie haben doch natürlich die Platte erhalten? Haben Sie sich gefreut?«

Iwan Iwanytsch erzählte, unter welchen Umständen er die Platte gesehen hatte. Gloff kicherte und rieb sich die Hände. Die Unterhaltung weckte Vertrauen. Sie hatten das Gefühl, schon lange miteinander bekannt zu sein.

»Sie wollten ein Interview machen?« fragte Iwan Iwanytsch.

»O ja«, sagte Gloff, »in der Tat.« Er lachte und zog zerknautschte Blätter und einen Federhalter aus der Tasche. »Na, dann mal los: Woran arbeiten Sie?«

»Ich schreibe Gedichte«, sagte Iwan Iwanytsch verwundert, »und ein wenig Prosa.«

Gloff kritzelte etwas achtlos hin und musterte unter seinen Brillengläsern hervor aufmerksam Iwan Iwanytsch. In dessen Vorstellung geriet das Bild eines CIA-Agenten ins Wanken.

»Sie betrachten mich etwas argwöhnisch«, sagte Gloff. »Woran mögen Sie jetzt wohl denken? Sie mustern mich irgendwie von oben herab, als wären Sie ganz ohne Sünde, na, vielleicht fast ohne ...«, er lachte, »aber kann man denn in Ihrem Land ohne Sünde sein? Wenn man die offizielle Propaganda so hört, sind Sie da alle fehlerlose Engelein, stimmt's? Ich aber bin ein Widerling, stimmt's? Na schön, ich mag Sie wirklich. Ohne Hintergedanken.«

»Ach, wenn es um meine Sünden geht«, pfiff Iwan Iwanytsch.

»Na schön«, sagte Gloff betrübt. »War nur ein Scherz. Doch CIA-Agent bin ich nicht.«

»Aber wieso können Sie so gut Russisch?« fragte Iwan Iwanytsch, um nichts zu komplizieren.

Gloff überlegte, überlegte. Das dauerte ziemlich lange. Dann wieherte er laut los und sagte: »Weil ich überhaupt kein Gloff bin. Ich bin Iwan Uglow aus Rjasan!« Er schüttelte sich vor Vergnügen, als er einen völlig verwirrten Gesprächspartner vor sich sah. »Ja, ja«, stöhnte er, »genau. Und Sie dachten ...«

»Wieso denn das?« stammelte Iwan Iwanytsch entgeistert, und das Bild eines KGB-Agenten flackerte vor seinen Augen auf.

»Sehr einfach«, sagte Uglow, wieder ernst geworden, »geboren bin ich in Rjasan. Mein Vater war Bolschewik. Unsere ganze Familie ist nach Bessarabien gezogen. Der Krieg brach aus. Die Rumänen kamen. Der Vater war im Untergrund. Ich in der Jugendbewegung. Und so weiter und so fort. Nach dem Krieg wurde ich Ingenieur. Arbeitete im Bauministerium. Allmählich gingen mir die Augen auf, irgendwie paßte mir das alles nicht, verstehen Sie? Es war mir sogar zuwider, aber ich redete mit niemandem darüber, schrie Losungen, brüllte einfach an jeder Kreuzung. 1956 machte ich eine Dienstreise nach Ungarn (Gott sei Dank), dort brach der Aufstand aus. Ich überlegte, überlegte und beschloß, nach Kanada abzuhaun, über London. In London ist es mir aber gelungen, einige technische Artikel zu publizieren und ein bißchen Geld zu verdienen; da dachte ich mir: Was soll ich in Kanada, wenn's auch hier schön ist? Und blieb da – so ist das.«

»Und jetzt?«

»Ich gebe Bücher in russischer Sprache heraus, eine kleine Zeitschrift mit allerlei pikanten Geschichten aus euerm Leben ...«, wieder lachte er auf, »verbreite sie im

Lande der Sowjets, obwohl ich nicht sagen kann, daß das leicht ist. Zum Beispiel Ihre Platte ...«

»Bringt denn das ordentlich Geld?« fragte Iwan Iwanytsch mit einem Blick auf den eleganten Uglow.

Der wieherte los.

»Ich verdiene mein Geld mit der Herausgabe technischer Wörterbücher, mein Lieber. Das ist ein sehr einträgliches Geschäft.«

»Und diese Büchlein, Zeitschriften und Schallplatten?«

»Na, das ist ein Hobby, damit ist nichts zu verdienen ... Dafür zwacke ich die Kommunisten! Je lächerlicher ich sie mache, desto besser. Sollen sie sich ärgern.«

Iwan Iwanytsch verschwieg, daß auch er Parteimitglied war. Er wollte diesem eingleisigen Gespräch keinen tieferen Sinn verleihen. Was sollte er auch erklären? Da fielen ihm die abenteuerlichen Geschäfte von Uglows Frau in Rußland ein und welche Rolle er dabei gespielt hatte, und er wurde rot. Während ihm dieser ganze alberne Krimi durch den Kopf ging, packte ihn erneut schmerzhaftes Schuldgefühl.

»Übrigens«, fragte er beiläufig, »ist Ihre Frau wohlbehalten aus Rußland nach London zurückgekommen?«

»Was für eine Frau?« fragte Uglow verwundert. »Ich habe gar keine Frau ...«

»Na die ...«, sagte Iwan Iwanytsch verwundert, »die von allen möglichen Dissidenten Manuskripte holen wollte.«

»Ach, natürlich.« Uglow lachte. »Natürlich ... Das war nicht meine Frau, sondern eine Mitarbeiterin. Es ist alles in Ordnung.«

»Hat man sie denn mit ihrem vollgestopften Koffer rausgelassen?«

»O ja, es ist alles in bester Ordnung.«

»Sonderbar«, stammelte Iwan Iwanytsch, »wurde sie an der Grenze nicht durchsucht?«

»Gott hat sie gerettet.« Uglow wieherte.

Iwan Iwanytsch war versteinert. Da fiel ihm ein, wie eine italienische Dame unlängst einen Roman von Solshenizyn aus Moskau hinausgebracht hatte, heimlich natürlich. Nun, an der Grenze war sie tüchtig gefilzt worden, war dabei fast in Ohnmacht gefallen, dann aber hatte man ihr alle Manuskripte sorgfältig wieder in den Koffer gepackt, und sie hatte die Grenze wohlbehalten passiert. Damals kam das Gerücht auf, der KGB handle mit verbotenen Manuskripten. Und nun diese geheimnisvolle Geschichte. Iwan Iwanytsch warf einen Blick auf Uglow. Der war elegant und lächelte dauernd, lächelte und war elegant. Er schenkte Iwan Iwanytsch ein prächtiges Tischfeuerzeug. Iwan Iwanytsch verschwieg natürlich seine unschöne Rolle in der Angelegenheit mit Uglows Mitarbeiterin ...

»Durften Sie denn Ihre Schallplatte nicht mal anfassen?« fragte Uglow. »Das ist ja ein Witz!« Und er ergänzte befriedigt: »Die haben aber mächtig Angst vor mir! Egal, ich werde sie schon in Bewegung bringen ... Die letzte Nummer meiner Zeitschrift enthielt übrigens eine ganze Menge Witze über Breshnew. Gepfefferter geht's nicht.«

Plötzlich kam es Iwan Iwanytsch so vor, als höre er Schritte vor der Tür.

»Augenblick«, sagte er, stand auf und öffnete die Tür. Der Korridor war leer. Das Lächeln war von Uglows Gesicht gewichen.

»Oho«, staunte er, »Sie sind auf der Hut?«

Iwan Iwanytsch breitete die Arme aus.

»Publizieren Sie in der Zeitschrift auch ernsthafte Dinge?« fragte er.

»Wozu?« Uglow lachte. »Das Niveau Ihrer Machthaber eignet sich nicht für ernsthafte Polemik. Ihrem Niveau entsprechen nur schweinische Witze. Meine Aufgabe ist es, sie zum Schäumen zu bringen, weiter nichts. Wundert Sie das?«

»Nein«, sagte Iwan Iwanytsch voll Würde, »warum sollte ich mich wundern?« Und plötzlich sagte er, für sich selbst überraschend: »Ich würde mich nicht mal wundern, wenn ich erfahren sollte, daß Sie ein KGB-Agent sind...«

Uglow wieherte.

»Stimmt, stimmt«, sagte Iwan Iwanytsch, »c'est la vie... Wann geht's zurück nach London?«

»Morgen gegen Mittag«, sagte Uglow.

»Und das Interview?«

Uglow wieherte erneut.

»Hol's der Teufel!« sagte er. »Wozu brauche ich das. Ich wollte Sie einfach mal sehen.«

Am nächsten Morgen rief er an.

»Ich würde gern zu Ihnen kommen, Ihnen die Platte überreichen und mich verabschieden.«

Uglow kam nicht allein. Ein Riese in dem gleichen grauen Anzug, rundgesichtig, Kaugummi im Mund, nickte Iwan Iwanytsch gleichgültig zu.

»Ich komme nur für einen Moment«, sagte Uglow und piekte mit dem Finger auf die Brust des Unbekannten, »das ist mein Freund und Mäzen aus den Staaten, Russisch versteht er kein Wort, er ist ein großer Dummkopf, aber Millionär. Ich führe ihn erfolgreich an der Nase rum... bis später!« Er lachte.

Iwan Iwanytsch lächelte verständnisvoll (was sollte er

auch tun?). Der Millionär hockte sich aus irgendeinem Grund sofort aufs Bett, obwohl im Zimmer Stuhl und Sessel standen. Seine Miene drückte Langeweile aus. Iwan Iwanytsch dachte beiläufig, daß seine Visage sehr nach Rjasan aussah.

»Achten Sie nicht auf ihn«, sagte Uglow, »er ist eben ein großer Dummkopf ... Und hier ist Ihre Platte!« Er reichte ihm die heißersehnte schwarze Scheibe.

Iwan Iwanytsch ergriff sie mit schweißnassen, bebenden Händen und strich leicht über die Stelle, wo groß sein Gesicht abgebildet war – von einem ungeliebten Foto: erschöpft, überrumpelt, fremd, mit Augen voll Begehrlichkeit, aber zugleich Verschmitztheit, wie's eben war, ohne etwas zu verbergen oder zu beschönigen.

3

Die zwei Wochen in München waren wie im Flug vergangen, es war Zeit zurückzukehren. Die Rückfahrt wäre überhaupt nicht erwähnenswert gewesen, so wie eine Fahrt von der Mamontowka zum Jaroslawler Bahnhof beispielsweise, hätten den armen Arnold nicht wieder die Emotionen überwältigt. Er hatte sich in den zwei Wochen an München gewöhnt und sich im großen und ganzen beruhigt, München hatte ihm gefallen, aber vor der Abreise war er nachdenklich geworden und hatte auf Fragen zerstreut geantwortet. Die Strecke durch die BRD erschien, wie bereits gesagt, ganz gewohnt. Arnold blickte auf die ihm bekannten Landschaften mit der ruhigen Trägheit eines Ortskundigen. Sein Gesicht wurde etwas angespannter, als sie durch die DDR rollten; der Kontrast war immerhin bemerkenswert. In Polen aber verzerrten sich seine Züge geradezu, und Schrecken irrlichterte in seinen Zigeuneraugen: Der Vergleich fiel keineswegs zugunsten des slawischen Nachbarn aus. Der Grenzübergang verlief ruhig, die Delegation wurde nicht durchsucht, und erleichtert seufzten sie auf, als sie nun durch heimatliche Gefilde fuhren. Da aber begann Arnold zu stöhnen, er wandte sich vom Fenster ab, setzte sich, krümmte sich zusammen, barg das Gesicht in den Handflächen und sagte bis Moskau kein Wort mehr. Wie einem Kind redeten sie ihm zu, wenigstens zu essen. Bei Iwan Iwanytsch weckten Arnolds Krämpfe zunächst sogar ein wenig Schadenfreude, doch bald überwog das Mitleid.

Einige Tage darauf wurde im Sekretariat des Schriftstellerverbands wie üblich ihre Reise ausgewertet. General Filin war ebenfalls anwesend. Die Auswertung verlief ruhig und wäre auch so zu Ende gegangen, aber plötzlich lief einem der Sekretäre, dem Chefredakteur der Schriftstellerzeitung, wohl eine Laus über die Leber, und er erklärte mit seiner widerlichen, knarrenden Stimme, daß Otar Otarytsch, wie ihm zu Ohren gekommen sei, sich in München ungebührlich aufgeführt habe. Er habe einer faschistischen Soldatenzeitung ein Interview gegeben, statt den Revanchisten parteilich eins überzuziehen. Was das bedeutete, warum er diese Schmutzkübel über ihn ausschüttete, ist heute schwer zu sagen. Vielleicht auf Grund einer kurzzeitigen altersbedingten Verstandestrübung, vielleicht auch aus persönlicher Feindschaft gegenüber Iwan Iwanytsch, ich allerdings sehe darin nichts anderes als die einfache, alte und beständige Neigung zu Gemeinheit.

Iwan Iwanytsch sank in sich zusammen, denn er kannte die Charaktere und Gewohnheiten der Sekretäre: Jetzt würde man die Geschichte aufbauschen, ihn in die Mangel nehmen und verhören. All das würde verbunden sein mit Erniedrigungen, darauf folgenden Sanktionen und Verboten. Die Phantasie goß noch Öl ins Feuer und malte ihm schreckliche Bilder von Verstoßung und administrativer Strafe – da knarrte auch noch die Tür. Es lief Iwan Iwanytsch kalt den Rücken hinunter, obwohl nur eine Mitarbeiterin mit Geschäftspapieren hereinkam. Im Zimmer herrschte Grabesstille – und es gab niemanden, keine Worte, keine Argumente zu seinem Schutz. Iwan Iwanytsch war klar, daß gleich der einfältige Arnold das Wort ergreifen und der ehrenwerten Versammlung von »Possev« und »Liberty« erzählen würde, von nach Moskau geschleusten Büchern. Die glücklichen Landschaften würden ins Wanken geraten, und das Sekretariat würde noch wütender reagieren ... Alles ist verloren, dachte Iwan Iwanytsch, der vor sich nur Arnolds Nacken sah – was für ein Dummkopf! Begreift er nicht, daß ich auch von seinen Büchern erzählen werde?

Es herrschte Stille wie vor einem Gewitter. Filin starrte Iwan Iwanytsch mit blassen, unbestechlichen Augen an, er preßte die weißen Lippen zusammen, als wolle er sogleich ein Urteil verlesen. Plötzlich erhob sich vor Iwan Iwanytsch Arnolds breitschultrige Gestalt, und Lotkow sagte klar und hart, Otar Otarytsch habe das Interview nicht irgendeiner Soldatenzeitung gegeben, sondern der bedeutendsten offiziellen, sogar sehr liberalen Zeitung Bayerns, er habe sich würdig und parteilich verhalten und auf die heikelsten Fragen geistreich und scharf geantwortet, Otar Otarytsch habe ... dem Otar Otarytsch habe man ... von Otar Otarytsch sei man ...

In der eingetretenen Stille lachte Filin plötzlich auf –

nach seiner Gewohnheit erleichtert und triumphierend –, er zwinkerte Iwan Iwanytsch zu und sah den erledigten Denunzianten siegessicher an.

Alle drehten sich wohlwollend lächelnd nach Iwan Iwanytsch um. Tüchtig, der Arnold! dachte Iwan Iwanytsch voll Begeisterung und Dankbarkeit und versetzte sich im selben Augenblick gedanklich an dessen Stelle, wodurch ihm Arnolds Verhalten noch edler und bedeutsamer erschien.

Einige Tage vergingen. Iwan Iwanytsch saß über einem fast beendeten Roman, doch die Handlung zerfloß, die Helden sprachen mit schwerer Zunge. Aus diesem ärgerlichen Chaos tauchte sonderbarerweise hin und wieder die respektable Gestalt von Iwan Uglow auf, seine Hornbrille, hinter deren Gläsern sich weiß der Teufel was verbarg, sein Lachen erklang, und vielleicht drohte schon eine bösartige Intrige. Die aber konnte Iwan Iwanytsch ganz und gar nicht gebrauchen. Er brauchte Ruhe, wollte leben, wie es ihm gefiel. Schließlich hat man nur ein Leben, das ist obendrein kurz, und leben mußte man es so ... wie es einem das eigene Schicksal befahl – mochte es auch nicht allzu nachsichtig sein, so war es doch das eigene. All dieser Druck von außen, all diese erniedrigenden toten Gleise, die Fallgruben, Labyrinthe und Intrigen, all das warf ihn um, beugte seinen Rücken, er hätte Mut benötigt, den er nicht besaß, eine Immunität, für die ihm die Konsequenz fehlte, und eine Art Berechnung, bei der aus irgendeinem Grund Einnahmen und Ausgaben sich nie die Waage hielten. Und jetzt auch noch dieser Uglow, der ihm nicht aus dem Kopf ging. Wer war er? Was bedeutete die von ihm so eilig herausgegebene Platte mit Tonbandaufzeichnungen, mit deutlich hörbaren Küchengeräuschen, Gesprächsfetzen, Telefonanrufen, dem Gläser- und Gabelgeklirr? Was für Kräfte verbargen sich bescheiden hinter diesem Londoner Verleger? Diktierte ihm jemand bösartige Handlungen, oder war er ein gewöhnlicher Strolch und Spaßvogel, der seine Befreiung aus dem sozialistischen Lager feierte? Und der Haß von General Filin auf ihn – vielleicht war das nur ein raffiniertes Spiel? Am Ende klopft er mit Hilfe eines Morsegeräts regelmäßig Chiffren nach Moskau – über Begegnungen in München? Zunächst fand Iwan Iwanytsch, das alles sei ungeheurer Blödsinn, Quatsch, doch die Spannung wich nicht. Auf allem liegt Schmutz, dachte er, während er zum General ins Schriftstellerhaus eilte, um möglichen Signalen von Uglow zuvorzukommen, liegt Dreck, alles ist irgendwie unsauber, schmierig, gemein, dachte er, sich selbst verspottend und erniedrigend.

Der General aber, als habe er die Begegnung vorausgeahnt, kam die Treppe herab und betrachtete Iwan Iwanytsch mit geneigtem Kopf, doch wie den Sieger neulich im Sekretariat, wie einen Glückspilz. Und sagte grinsend: »Na, weißt du, gestern dachte ich, du bist am Ende, weiß Gott, aber dieser Arnold! Ich habe gesehn, wie dein Gegner grün wurde ...« Er triumphierte. Wer weiß, welche internen Angelegenheiten bei ihnen ihren Platz vertauscht hatten, unter wem der Boden ins Schwanken geraten war, wessen Messer sich als schärfer erwiesen hatte, wer von ihnen nach der Sitzung vor Begeisterung über das Fiasko des Gegners einen gehoben und wer voll schweigsamer Erbitterung Geschirr zertöppert hatte. In diese hintergründigen Wechselbeziehungen der Schriftstellerchefs war Iwan Iwanytsch natürlich nicht eingeweiht, aber vieles erriet er, während er den triumphierenden General ansah. Und so flüsterte er

Filin mit einer ihm gar nicht eigenen Erbarmungslosigkeit und voll Sarkasmus zu: »Ich soll Sie von unserem gemeinsamen Freund grüßen …«

»Wen meinst du?« fragte der General streng, denn er wußte, daß sie keine gemeinsamen Freunde hatten.

»John Gloff.« Iwan Iwanytsch lächelte spöttisch.

»Du hast dich mit diesem Miststück getroffen?« zischte der General, und sein Gesicht überzog sich mit roten Flecken.

Iwan Iwanytsch war sehr aufmerksam, daher sah er in Filins Ausruf nicht das Zucken eines heißen Blitzes, sondern das kalte Aufflammen einer elektrischen Laterne. Das unterschied er ganz deutlich, und es vertiefte seinen Verdacht.

»Komm«, verfügte der General, hastete in sein Arbeitszimmer und fragte dort, sich ungeschickt gleichgültig stellend: »Hast du dich wirklich mit ihm getroffen?«

»Ja«, sagte Iwan Iwanytsch, »wie mit Ihnen.«

Er fand es interessant, den General verwirrt zu sehen. Ihm fiel eine nicht weit zurückliegende Geschichte ein, über die in Schriftstellerkreisen viel geredet wurde. Etwa vor einem Jahr war eine Gruppe Moskauer Schriftsteller nach London gefahren. Geleitet hatte sie General Filin als angeblicher Publizist. Diese Vorspiegelung falscher Tatsachen hatte den General bedrückt, denn, zu seiner Ehre sei's gesagt, er war nicht eitel. Er war das erstemal im Westen, und alles dort ärgerte ihn, brachte ihn geradezu zur Raserei. Am meisten beschäftigte ihn die Furcht vor Provokationen seitens des CIA, des Intelligence Service und anderer Geheimdienste. Die jungen Schriftsteller, die zu begleiten er beauftragt war, trieben ihn mit ihrer Vertrauensseligkeit, ihrem Leichtsinn, ihrer überzogenen Begeisterung zum Wahnsinn, zumal ihr überschäumender Tatendrang Massen entfesselter Ungeheuer anlockte, die sich Journalisten und sogar Schriftsteller nannten und die nur der General durchschaute. Er warnte seine Schutzbefohlenen, ohne die Stimme zu heben, durch die Zähne, aber sein Einfluß schwand mit jeder Stunde.

»Was für ein Schaufenster!« rief die Dichterin Rimma begeistert.

Der General sah ins Schaufenster.

»Abscheulich!« stieß er angewidert hervor.

Oder der Dichter Andrjuscha sagte gurrend, vielleicht sogar in der Absicht, den Orgsekretär zu provozieren, während er ein Toastbrot mit Butter bestrich: »Ihr Toastbrot ist aber wirklich nicht übel?«

»Abscheulich!« konstatierte Filin finster, während er selbst nach der nächsten Scheibe griff.

Seine Entrüstung war ehrlich. Er ließ sich durch keinerlei Ränke bürgerlicher Geheimdienste täuschen, erlag keinem propagandistischen Blendwerk aus Schaufenstern und knusprigen Toastbroten. Und er klagte seine jungen Freunde nicht an, er betreute sie mit derselben Untadeligkeit und Entschiedenheit, mit der er Anfang der zwanziger Jahre als Angehöriger der Elften Roten Armee siegreich in Georgien eingezogen war. Iwan Iwanytschs Vater hatte übrigens die Elfte Armee begrüßt und bolschewistisch selbstvergessen »Hurra!« geschrien. Vielleicht hatten sie sich da sogar kennengelernt und ein paar Sätze gewechselt. Der Vater war damals zwanzig Jahre alt gewesen. Damals hatten sie Hand in Hand, unter gemeinsamen Anstrengungen die georgischen Menschewiki in die Wasser des Pontus Euxeinus getrieben und sie für immer in die Fremde gejagt. Filipp

Wigel hat wohl einmal gesagt, eine schlechte Monarchie gehe schwanger mit der Republik, eine schlechte Republik aber mit der Tyrannei.

Jetzt war Filin fast siebzig. Er wußte unmäßige Begeisterung über knusprige westliche Toastbrote richtig einzuschätzen. Und er wußte, daß ebendiese geschlagenen Menschewiki in der Fremde ihr Pulver trocken hielten und nichts vergessen hatten – sie selbst, ihre Kinder, ihre Enkel und alle, denen es später gelungen war, sich ihnen anzuschließen. Doch sein Gewissen war vor ihnen rein. Er hatte keine Gewissensbisse, weil er Leute um Land und Häuser gebracht hatte, die durch den Willen des Schicksals schwächer als er und aus seiner Sicht unannehmbar gewesen waren. Wie frohlockend hatte er auf der Landungsbrücke in Poti gewiehert, als sie das Land verließen, weiß der Teufel wohin, bezwungen von seinem Glauben und seiner Selbstzufriedenheit! Hier aber, in London, auf einer ihrer Dichterlesungen, galt seine Aufmerksamkeit John Gloff, der sich in der ersten Reihe hingefläzt hatte und einen kleinen Kassettenrecorder auf die Bühne gerichtet hielt. Gerade als Andrjuscha sprach. Was damals in dem durch professionelle Finessen entzündeten Hirn des Orgsekretärs an die Oberfläche gekommen war, ist schwer zu sagen. Als sich der Abend bereits dem Ende zuneigte, flüsterte er dem jungen Dichter ein paar Worte über die Intrigen des mutmaßlichen CIA-Manns ins Ohr und fügte hinzu: »Bedenk, das wird eine Provokation ...«

Andrjuscha sah sich den bebrillten, selbstzufriedenen Riesen mit dem Recorder auf den Knien an und wußte sofort, was zu tun war. Kaum war die Veranstaltung zu Ende, da sprang er auch schon leichtfüßig von der Bühne, entriß dem verdutzten Gloff das Gerät, nahm die Kassette heraus und enteilte mit breitem Lächeln, begleitet von Gloffs empörten Schreien.

»Das ist Diebstahl!« schrie Gloff. »Ich rufe die Polizei! Polizei!«

General Filin erbleichte. Das hatte er nicht erwartet. Er rannte ins Hotel. Kaum hatte er Andrejs Zimmer betreten, da stürmten auch schon Polizisten mit Gloff herein.

Der Dichter war ruhig. Dem Orgsekretär zitterten die Hände. Gloff verlangte eine Bestrafung des Diebes. Da bemerkten sie alle auf einem runden Tischchen einen eingeschalteten Kassettenrecorder.

»Sie haben diesem Herrn eine Kassette gestohlen«, sagte ein leicht irritierter Polizist.

»Dieser Herr hat meine Stimme gestohlen, und ich habe sie mir zurückgeholt«, erwiderte Andrjuscha lächelnd und ganz ruhig.

»Und wo ist die Kassette von diesem Herrn?« fragte der Polizist. »Finden Sie nicht, daß Sie sie dem Besitzer zurückgeben sollten?«

»Of course«, sagte Andrjuscha, »Nun, da ich meine Stimme gelöscht habe, gebe ich die Kassette sofort zurück.«

In diesem Augenblick schaltete der Recorder ab. Der Dichter nahm die Kassette heraus und reichte sie dem Polizisten. General Filin kicherte. Der empörte Gloff verließ den Raum. Später rächte er sich an dem Dichter: In einer seiner Zeitschriften veröffentlichte er Berichte über intime Abenteuer Andrjuschas in London.

So war das damals gewesen. Ich erzähle die Geschichte, wie ich sie gehört habe.

»... Hast du dich wirklich mit ihm getroffen?« fragte der Orgsekretär und gab sich Mühe, gleichgültig auszusehen.

»Wie mit Ihnen«, bestätigte Iwan Iwanytsch.

»Dann erzähl doch«, stieß Filin hervor, setzte sich, stand auf, ging zum Fenster, setzte sich wieder, starrte Iwan Iwanytsch mit blassen Augen an und sprang plötzlich auf. »Warte!« Er lief aus dem Zimmer. Nach zwei Minuten kam er in Begleitung einer alten Frau mit großem Schreibblock zurück. Sie lächelte Iwan Iwanytsch freundlich zu und legte den Schreibblock auf den Tisch. Er erriet, daß sie eine Stenotypistin war. »Nun denn«, befahl Filin, und Iwan Iwanytsch begann ausführlich zu berichten.

Er bemühte sich, objektiv zu sein, geizte aber auch nicht mit Ausschmückungen: Halb erschreckte er den General, halb versuchte er ihn zum Lachen zu bringen, achtete dabei sehr aufmerksam auf die Mimik des Generals und seine Intonation, wenn der plötzlich mit der Handfläche auf den Tisch schlug und rief: »Das hat er gesagt?!« oder »So ein Mistkerl!«

Schließlich lachte Iwan Iwanytsch im Tonfall seines Londoner Bekannten auf und zitierte: »Ich bin gar nicht Gloff, sondern Iwan Uglow aus Rjasan!« In diesem Moment wurde der Orgsekretär puterrot, sprang auf, kam hinterm Tisch hervor, schrie: »Warte!« und verschwand aus dem Dienstzimmer.

Es war still. Die gedrillte Stenotypistin saß reglos da wie eine Maus, und nur ein leichtes Lächeln des Mitgefühls und der Verwunderung umspielte ihre Lippen. Iwan Iwanytsch, zufrieden mit dem erzielten Effekt, brannte sich eine Zigarette an. Eine halbe Stunde verging, doch Filin kam noch immer nicht zurück. Die Stenotypistin lächelte wie zuvor. Iwan Iwanytsch wurde nervös und stellte sich folgendes vor: Der General war zum Telefon gestürzt, hatte eine bestimmte Person in der Staatssicherheit angerufen und flüsternd gemeldet, daß sich Iwan Uglow in London entlarvt habe!

»Wissen Sie«, sagte Iwan Iwanytsch zu der Stenotypistin, »jetzt ist über eine Stunde vorbei. Wir können wohl auseinandergehn.« Und er ging.

Was aber das Interessanteste ist: Tage verrannen, Monate, vielleicht sogar Jahre, doch sooft Iwan Iwanytsch dem General begegnete, der erkundigte sich nie, was denn weiter gewesen sei, nachdem sich John Gloff in Uglow verwandelt hatte. Ist das nicht sonderbar? Bestätigte das nicht Iwan Iwanytschs scharfsinnige Vermutung, daß es eine rätselhafte Verbindung zwischen dem Londoner Strolch und der allmächtigen Institution an der Lubjanka* gab?

Dann geschah etwas, was ein übriges Mal die Berechtigung dieses Verdachts bestätigte. Als das unglückselige Manuskript der Swetlana Allilujewa im Westen zum Druck vorbereitet wurde, hatte man im Schoß dieser Institution eine nachsichtigere, minder scharfe Variante fabriziert, und man mußte sie, allen anderen zuvorkommend, vor dem Erscheinen der echten veröffentlichen. Damals flog der nicht unbekannte Viktor Louis mit dem gefälschten Exemplar selbstverständlich nach London, händigte es selbstverständlich Gloff aus, und der brachte das Buch sofort in einer Riesenauflage und in einer prächtigen, das Interesse des Publikums weckenden Austattung heraus, so daß es im Nu vergriffen war, während das echte erst später erschien. Aber das wurde von dem übersättigten westlichen Publikum dann nicht mehr gekauft. Solcher Art war die Geschichte, von der auch Iwan

* Gemeint ist die Zentrale des KGB, des Komitees für Staatssicherheit, am Moskauer Dzierżyńskiplatz; der Platz und eine zu ihm führende Straße hießen historisch und heißen wieder Lubjanskaja Platz und Lubjankastraße.

Iwanytsch betroffen wurde, so als wäre er in der Tat ein großer Akteur im politischen Spiel.

4

Jetzt bleibt mir nur übrig, von der letzten Episode dieser aus heutiger Sicht albernen, damals aber – das können Sie glauben! – ganz alltäglichen Geschichte zu erzählen.

Eines schönen Morgens, als Angelina Petrowna zu einem Bummel durch die Geschäfte aufgebrochen war, wollte sich Iwan Iwanytsch nach einem schnellen Frühstück an die Arbeit setzen, aber noch war er nicht, wie es in altmodischen Romanen heißt, zum innersten Wesen der Sache vorgedrungen, da klingelte es schrill an der Tür. Er erwartete niemanden. Angelina Petrowna konnte so schnell noch nicht zurück sein. Außerdem hatte sie Schlüssel. Ärgerlich dachte er, es sei der Postbote, und ging öffnen.

Wieder klingelte es schrill. Das erschien nicht sehr angenehm. Der kleine Korridor, durch den Iwan Iwanytsch zur Tür ging, war auf einmal seltsam lang, das Klingeln hörte gar nicht mehr auf und klang so fordernd, so ungeduldig, daß ihm böse Vorahnungen die Brust zusammenpreßten – auf Beinen wie aus Watte lief er weiter, aber vielleicht kam es ihm nur so vor, und schob den Riegel zurück.

Vor der Tür stand ein ihm unbekannter Mann. Er trug einen so unglaublichen Mantel – seidig, schillernd, exquisit, wie es sie in Moskau noch nicht gab –, daß Iwan Iwanytsch sofort erriet, woher dieser Mann kam. Der Unbekannte nickte, schob Iwan Iwanytsch schroff beiseite und trat in die Diele. Schon drängte sich Iwan Iwanytsch die Frage nach der unheilvollen Identität des Besuchers auf, denn der Mantel mußte gar nichts bedeuten, den konnte durchaus auch ein hausgemachter Polizist tragen … Als der Besucher Iwan Iwanytschs versteinertes Gesicht sah, reichte er ihm die Hälfte eines Büchleins. Sofort fiel Iwan Iwanytsch alles wieder ein. Erleichtert seufzte er auf und führte den Besucher ins Zimmer. Dort holte er aus einem geheimen Versteck die zweite Hälfte und hielt sie an die erste. Alles paßte zusammen. Iwan Iwanytsch lachte. Der Besucher hatte ein Gesicht wie aus Stein.

Wie sich herausstellte, sprach der Ausländer nicht russisch. Mit Gesten bat er um eine Schere, und als er sie erhalten hatte, öffnete er den Mantel, hob den Jackettschoß und schnitt das Futter auf. Er zog eine graue Broschüre heraus, warf sie auf den Tisch und ging durch den Korridor wieder hinaus. Als die Tür hinter ihm ins Schloß gefallen war, trat Iwan Iwanytsch ans Fenster: Auf seinen Besucher wartete ein Taxi.

Die graue Broschüre lag als einsames Indiz auf dem Tisch. Erschienen war sie in einem ausländischen Verlag mit dem unaussprechlichen Namen »Possev«. Auf dem Einband stand ein unbekannter Name – Andrej Sacharow.

1991

Unweit der Rue de Rivoli
oder
Fortunas Launen

Als Iwan Iwanytsch zum erstenmal nach Paris kam, waren die romantischen Trugbilder bereits verblaßt. Er war über vierzig Jahre alt, können Sie sich das vorstellen? Die Geschichte hatte konkrete Züge angenommen. Sie las sich wie ein Buch. Das war nun also Paris; das Flair von Rätselhaftigkeit hatte sich in der Aprilluft aufgelöst. Die Häuser kannte er von Reproduktionen, und für die bizarre Gestalt eines d'Artagnan war kein Raum in der geschwätzigen, recht kalten zivilen Menge. Nun ja, vielleicht erinnerten die Köpfe blauäugiger Pariser Spaniels, die sich häuslich auf den Bürgersteigen rekelten, für einen kurzen Moment an das Haupt Ludwigs mit der rotblonden Perücke; und die Fleischer vom Großmarkt mit ihren blutbespritzen weißen Schürzen sahen – wenn man dafür nur Sinn hatte – wie Zeugen der Vergangenheit aus.

Das hieß jedoch nicht, daß Iwan Iwanytsch von dem Schauspiel unberührt blieb. Nein, auch er geriet in Entzücken, kaum daß er den Zug verlassen hatte, er trat auf den Bahnhofsvorplatz, mischte sich unter die Pariser Menge, und schwerelos wirkende Pariser Häuser umgaben ihn. Und die Kinder sprachen französisch, sogar die Landstreicher! Und die Pariserinnen – ausgesprochene Schönheiten waren sie ja nicht, doch mit welch ungeahntem Charme bezauberten sie, mit welch lockerem, ungezwungenem Gang, welch silberheller Intonation, welch strengen Blicken – geradezu unergründlich! Er hatte sich eingebildet, die Pariser Damen würden wie die in Tbilissi langsam durch die samtene, gesegnete Luft schweben, schmachtend, träge, wunschlos – hier aber herrschte ein straffer Rhythmus, alles wirkte geschäftig, beinahe hektisch. Dabei hatte keine einzige zu ihm hingesehen, hatte keine ihn mit schlecht verhohlener Neugier gemustert wie bisweilen die Moskauerinnen. Zunächst verdutzte ihn das ein wenig, ja es kränkte ihn sogar. Aufmerksam betrachtete er eine jede, lächelte rätselhaft oder kräuselte geringschätzig die Lippen; sie aber eilten an ihm vorüber, ohne seine Signale wahrzunehmen. Bald hatte er sich daran gewöhnt und ließ sich von dem allgemeinen Strom treiben, ohne nach interessierten Blicken zu haschen, schämte sich sogar des erniedrigenden Wartens auf Beachtung solcher Art. Er versuchte nicht mehr bezaubernde, raffinierte, auffallend herausgeputzte Mannequins zu entdecken, sondern blickte auf ihre Alltagskleider mit den Alltagsaugen eines in dieses bislang unbekannte Spiel Eingeweihten.

Iwan Iwanytsch kam 1968 mit einer Gruppe Moskauer Schriftsteller, einer Touristengruppe, nach Paris. Untergebracht hatte man sie in einem verschlampten, lausigen kleinen Hotel, das sich aber unweit der Rue de Rivoli befand. Diese Lage bestimmte das Renommee des Gebäudes, wie übrigens auch seine Entstehungszeit, es stammte fast aus dem Mittelalter. Selbst daß es noch vor kurzem ein gewöhnlicher Puff gewesen war, umgab es in den Augen der tief beeindruckten Moskauer mit einem rätselhaften Zauber. Auch die Verflechtung der Zeiten geriet ihm sehr zur Zierde. Fröhliche, erlesene Tapeten, glänzende Wandleuchter, aber uralte knarrende

Treppen, lautdurchlässige Türen und die spezifische Zimmereinrichtung: ein breites Bett, daneben nicht der übliche Nachttisch, sondern ein echtes Bidet, am Fenster ein krummbeiniger Sessel aus dem vergangenen Jahrhundert unter einem verblichenen Gobelin, hinter einer Art Trennwand aus Sperrholz aber ein modernes Klobecken und eine Waschgelegenheit. Ja, und dann noch ein winziges Tischchen mit einem Telefon. Dafür war es sehr angenehm, wenn man auf die Frage, wo sich denn das Hotel befand, lässig antworten konnte: »Unweit der Rue de Rivoli...« und darauf ein vielsagendes »Oh!« zu hören bekam.

Kurzum, er verbrachte einige Zeit in Paris – in dem unerforschten, unerreichbaren und doch bekannten, dem überraschenden und weltoffenen Paris. Natürlich hatte man sie, wie das so üblich war, ehe sie abreisten, vor den Gefahren gewarnt, die in der kapitalistischen Gesellschaft lauern, vor möglichen Provokationen, und er war ein wenig auf der Hut, doch nur ein wenig, nicht allzu ernsthaft.

Er wollte sich den Aufenthalt nicht durch Normen vergiften lassen, deren er schon überdrüssig war, wollte pariserisch ungezwungen und unabhängig sein. In seinem Herzen hatte er ein entsprechendes Bild von sich geschaffen – en face und en profil. Zwitscherte das Zimmermädchen auf der knarrenden Treppe lächelnd »Bonjour«, dann sagte auch er im Vorübergehn lässig »Bonjour«, und er hoffte scheu, sie möge ihn für einen Hiesigen halten, für einen der Ihren.

Sein ganzes Touristengeld bestand aus neunzig Francs. In jenen weit zurückliegenden Tagen kosteten anständige Schuhe fünfundsiebzig. Schuhe aber hatte er. Das Wetter war herrlich. Er war in Paris! Paris wußte davon natürlich nichts. Und Iwan Iwanytsch kam nicht einmal auf den Gedanken, er könne sich dieser wunderschönen Stadt großer Chansonniers offenbaren. Paris lebte nach eigenen Gesetzen und eigenem Geschmack – leicht, erhaben, ganz gewöhnlich und schwungvoll, und daran – das heißt in seiner Unaufmerksamkeit gegenüber den Liedern Iwan Iwanytschs – war nichts Beleidigendes. Er besuchte mit der Gruppe den Montmartre, betrachtete lange die Massen fröhlicher, ungewaschener, unbekannter Künstler, die mit ihren Bildern handelten, obwohl fast niemand welche kaufte. Wie müssen Glück und Talent beschaffen sein, dachte er, um in diesem lärmenden und brodelnden Kessel bemerkt zu werden, auf daß Frankreich selbst, dachte er, zu dir hinschaut, wenigstens für einen halben Tag mit Interesse, wenn schon nicht mit Begeisterung. Doch wie sonderbar es auch klingt, diese Überlegungen verdrossen ihn nicht, so unerreichbar erschien ihm die hiesige Anerkennung. Er fühlte sich als normaler Tourist, war vergnügt, atmete aus voller Brust die Pariser Luft, genoß jeden Augenblick des Seins. Diese illusionistische, sprunghafte Existenz hatte ihren eigenen Reiz. Niemand bemerkte einen, man war ganz sich selbst überlassen, zudem fehlte es ihrer Touristengruppe, wir müssen es sagen, aus irgendeinem Grund, vielleicht aus Versehen, an konzentrierter Obhut, sie wurde von niemandem kontrolliert. Das heißt, kontrolliert wurde sie schon, sogar mit Sicherheit, aber nachlässig und verstohlen. Daher hatten alle den Eindruck, frei zu sein, waren bemüht, nach ihrem Geschmack zu leben, trafen sich im wesentlichen nur zu den Mahlzeiten. Manchmal allerdings, wenn etwas besonders Interessantes vorgesehen war, der Besuch des Louvre beispielsweise oder eben des Montmartre, fuhren alle zusammen im Touristenbus hin. Und schon wurden sie übermütig, fragten den Reiseleiter: »Wird man uns auch in die ›Humanité‹ bringen?« oder erklärten, sie würden lieber allein spazierengehen, womit sich der Leiter stets sofort einverstanden erklärte. Auf die »Humanité« übrigens kommen wir noch zurück.

Am Morgen des zweiten Tages, als beim Frühstück alles eilig und ohne auf Geschmack zu achten verschlungen wurde, nur um den Magen zu füllen und dann den eigenen heißersehnten Wegen nachgehen zu können, als selbst die frischen Pariser Croissants achtlos gekaut wurden, als wären sie gewöhnliches Brot, erinnerte sich Iwan Iwanytsch aus irgendeinem Grund einer absurden Episode, die sich in Moskau unmittelbar vor ihrer Abreise ereignet hatte.

Man hatte sie alle in ein Tourismusbüro bestellt und sie trotz ihres Schriftstellerberufs, ihres Alters und bei einigen von ihnen sogar eines beträchtlichen Ansehens lange und demütigend instruiert, wie sie sich in der kapitalistischen Welt zu benehmen hätten. Das Wort »demütigend« habe ich übrigens erst heute hinzugefügt. Damals wurde es nicht als demütigend empfunden, sondern einfach als Norm, als langweiliger traditioneller Akt, den man leider über sich ergehen lassen mußte. Alle waren angesichts der bevorstehenden Reise erregt und ertrugen daher bereitwillig die albernen Belehrungen – mochte sie der Teufel holen, Hauptsache, es hinderte sie niemand daran, nach Paris zu gelangen. Ganz zu Beginn der Instruktion hatte sich der berühmte Dichter Jaroslaw Smeljakow, offenbar wie gewöhnlich leicht beschwipst, von seinem Platz aus plötzlich erkundigt: »Wird man uns auch in die ›Humanité‹ bringen?« – »Natürlich, natürlich«, versicherte ihm der Instrukteur.

Im nächsten Augenblick fragte Smeljakow dasselbe. »Er hat 'ne Meise«, flüsterte Ljowa, Autor von Kinderstükken, Iwan Iwanytsch zu. Iwan Iwanytsch lachte. »Smeljakow bleibt bei seinem Repertoire«, sagte er, »ich persönlich ziehe einen erotischen Film vor.« Sie kicherten, dabei dachte Iwan Iwanytsch, es wäre doch wirklich interessant, endlich mal diese – geheimnisvollen, verbotenen, verachtenswerten – ero-ti-schen, porno-gra-phischen Verflechtungen von Armen und Beinen zu sehen, die von Leidenschaft verzerrten Gesichter. »Mir geht es nicht um das Sexuelle«, flüsterte Ljowa. »Mir auch nicht«, flüsterte Iwan Iwanytsch zurück. – »Nur der Wissenschaft wegen ...« – »Natürlich«, entgegnete Iwan Iwanytsch, »wenigstens diese verteufelten Pornobilder müßte man mal gesehen haben.« In diesem Augenblick rief Smeljalow erneut: »Wird man uns auch in die ›Humanité‹ bringen?«

Mit den Pässen gab es eine Verzögerung. Alle wurden telefonisch gebeten, zum Bahnhof zu kommen, da würde man ihnen unmittelbar vor der Abreise die Pässe aushändigen. Nun drängten sie sich vor der Waggontür und krakeelten nervös, bis endlich die Dolmetscherin erschien und allen ihre Pässe gab – allen, bis auf den unglückseligen Smeljakow. »Ihnen wurde er aus irgendeinem Grund verweigert«, murmelte sie und wurde puterrot. Er war schrecklich anzusehen. Angetrunken, gedemütigt, schlagartig seiner Bravour beraubt. In den langen Jahren der Lagerhaft an die unüberwindbare Allgewalt der Obrigkeit gewöhnt, zog er niedergeschlagen ab. Die Abreise war verdorben. Erst spätabends versuchte jemand im Waggon zu witzeln und schrie: »Werden sie uns nun in die ›Humanité‹ bringen?« Doch er wurde schnell zur Ruhe gebracht.

Und nun war er in Paris!

Auf unerklärlichen Wegen hatte sie der Bus zu Notre-Dame gebracht, und sie tauchten selig in das alte, feuchte Gemäuer der berühmten Kathedrale. Klein und schwach, schattengleich bewegten sie sich dahin, atmeten den Duft von Wachs, unterdrückten die Versuchung, laut etwas zu rufen, und bemühten sich, an Erhabenes zu denken. Als sie sich wieder auf dem Platz vor der Kathedrale befanden, bildeten sie Grüppchen und ergaben sich lärmend dem Pariser Aprilduft.

Da bemerkte Iwan Iwanytsch eine sonderbare Gestalt. Ein junger Mann, aus irgendeinem Grund mit Schirmmütze und einem Schal um den Hals, lief seltsam tänzelnd an die Herumschlendernden heran, streckte die zusammengelegten Hände vor, öffnete sie für einen Moment, während er hastig etwas erklärte, zeigte irgendwas und schlug die Hände sofort wieder zusammen. Man wandte sich uninteressiert von ihm ab, er aber sprang sofort an andere heran, immerzu nur an Männer, nur an Männer. Er bot irgendeine Ware an, offenbar eine verbotene: Zielstrebig wie ein Dieb huschte er von Grüppchen zu Grüppchen oder wählte einen in Nachdenken versunkenen Einzelnen, öffnete schnell die Hände und schlug sie sofort wieder zusammen, wobei er sich geheimnisvoll umsah. Er war unrasiert, wirkte nicht gerade frisch, bewegte sich aber elegant und zielstrebig wie ein Tänzer. Voller Hingabe bemühte er sich, das müßige Publikum zu verführen. Iwan Iwanytsch sah in die Gesichter derer, die flüchtig in sein Buch hineingeschaut hatten: Bei einem flogen die Brauen in die Höhe, erstarrte ein frivoles Grinsen auf den Lippen, auf einem anderen spiegelten sich im Gegenteil Feindschaft und Widerwillen. Herrgott, dachte Iwan Iwanytsch, das ist es doch, genau das!

Vor Überraschung zuckte er zusammen und sah sich hastig nach seinen Leuten um, denn er wußte, daß es in jeder Touristengruppe einen geheimen Aufpasser geben mußte. Aber die Seinen waren in alle Richtungen auseinandergeschwirrt, Iwan Iwanytsch erkannte seine Chance und machte einen Schritt auf den Verführer zu. Der hatte das augenblicklich bemerkt, war mit einem Sprung auch schon bei Iwan Iwanytsch, schlug sein faszinierendes Buch vor seinen Augen auf, klappte es sofort wieder zu, öffnete es wieder, klappte es wieder zu, und noch einmal ... In einem solchen Moment erblickte Iwan Iwanytsch eine nackte Frauenhüfte! Zweifel gab es nicht. Dann erhaschte er halbgeöffnete volle Lippen, eine verführerische Brust und einen schmachtend zurückgeworfenen Arm ... Sie einigten sich schnell. Der Satz Karten kostete zwanzig Francs! Erglühend steckte Iwan Iwanytsch dem Händler das Geld zu, der übergab ihm blitzartig seine heiße Ware und rannte davon. Iwan Iwanytsch lief in die entgegengesetzte Richtung.

Wie er zum Bus gelangte, wie er es bis zum Hotel aushielt und dabei noch ein gleichgültiges Gesicht wahrte, ist schwer zu beschreiben. Das Päckchen verbrannte ihm die Hand. Alle unterhielten sich, ohne auf ihn zu achten. Vor dem Essen gingen sie in ihre Zimmer, Iwan Iwanytsch flog in seins und sperrte ab, lauschte, zog das Geschenk des Schicksals aus der Tasche. Und erstarrte. Und schrie auf...

Vor ihm, auf minderwertiges, trübglänzendes Papier kopiert, lagen primitive Schwarz-Weißaufnahmen von Bildern großer Meister der Vergangenheit. Rubens, Rembrandt, A. van Dyck und noch viele andere. Alles Frauen. Nackte. Schamhafte und freimütige Göttinnen. Ja, Busen, Hüften, ein lockender Blick, ein schmachtend zurückgeworfener Arm und – Faune, Faune, die wie zufällig ihre Scham verhüllten, unhörbare Stimmen. Und auf allem Streifen von schlecht gelöstem Fixiersalz, so daß unbegreiflich blieb, worin die Venus versinkt – ob in Spitzentüchern oder im Meeresschaum. Da entsann sich Iwan Iwanytsch voller Schmerz seines eigenen Verhaltens auf dem Platz vor Notre-Dame, des schmuddligen, unverschämten Verkäufers und der ganzen Szene der Verführung. Er sah sich selbst, schwächlich und lüstern, von leichtem Zittern befallen, mit dem verzerrten Gesicht eines feigen Schelms. Herrgott, wozu war es nötig, in Paris, wo alles verkauft wird, diese Ware zwischen den Handflächen zu verbergen? In Paris? Vielleicht nur deshalb, um einen Moskauer Idioten mit geifernden Lippen und umherirrendem Blick zu erregen? Was für eine abgeschmackte und raffinierte Methode! dachte Iwan Iwanytsch voll Bitterkeit. Er zerriß die Aufnahmen und warf sie in den Abfallbehälter, und in dem Augenblick klopfte Ljowa, der ihn zum Essen abholte.

Beim Essen konnte Iwan Iwanytsch nicht umhin, von seiner Schande zu erzählen. Ljowa lachte und sagte, Iwan Iwanytsch sei schön angeschmiert worden, denn dieses Zeug gebe es in Paris haufenweise an jeder Ecke und es bestünde gar keine Notwendigkeit, so etwas zwischen den Händen zu verbergen. Niederlagen haben ihren eigenen Reiz, dachte Iwan Iwanytsch, sie lassen nicht zu, daß man sich zuviel einbildet. Mit diesem genialen Gedanken verließ er den Speiseraum, ging durch das Vestibül, und da trat ein älterer, wenn nicht alter Mann auf ihn zu, gekleidet in einen abgetragenen schwarzen Mantel und mit großen Geheimratsecken über dem hageren, müden Gesicht. Seine Augen waren blau, ausgeblichen, und in ihnen malten sich Befremden und Trauer.

»Wollen Sie zu mir?« fragte Iwan Iwanytsch.

»Genau«, sagte der Besucher akzentuiert, »Kirill Pomeranzew. Wir freuen uns sehr, daß Sie gekommen sind.«

Er stand stramm vor Iwan Iwanytsch.

»Wer ist – wir?« fragte Iwan Iwanytsch liebenswürdig lächelnd, während sich in seinem Herzen Angst und Glück vermengten.

»Wir – das sind die Pariser Russen«, sagte Pomeranzew streng und blickte seinem Gesprächspartner in die Augen.

»Ach, Sie kommen im Namen der ... Russen in Paris?« murmelte Iwan Iwanytsch – er wollte schon »Emigranten« sagen, beherrschte sich aber, »im Namen der Russen?«

»Genau«, bestätigte Pomeranzew, »wir hören Ihre Lieder und lieben Sie.«

In der trüben Beleuchtung des Vestibüls war zu sehen, wie seine eingefallenen Wangen sich unverkennbar röteten und die Trauer in seinen Augen ein wenig schwand. Iwan Iwanytsch war wie berauscht: In Paris hörte man seine Lieder! Pomeranzew stand immer noch fast stramm vor ihm. Iwan Iwanytsch fand ihn schöner als alle Leute, denen er bisher begegnet war. Dieser schöne Mann fuhr fort, halblaut etwas zu sagen, aber Iwan Iwanytsch hörte ihn nicht. Er nickte und lächelte.

»Wir dachten«, vernahm er plötzlich wie aus weiter Ferne, »am Ende könnten Sie den Wunsch haben, bei uns aufzutreten? Einen Raum finden wir selbstverständlich. Vorausgesetzt natürlich, Sie bekommen die Erlaubnis von Ihren ...«

»Wie sind denn meine Lieder zu Ihnen gelangt?« fragte Iwan Iwanytsch leise.

»Nun, wissen Sie«, erklärte Pomeranzew, »jemand hat

aus Moskau Bänder mitgebracht, jemand hat sie kopiert, na ja, wie das eben so ist. Und allmählich ... also, wenn Sie einverstanden wären ...«

»Natürlich«, sagte Iwan Iwanytsch fast erstickend, das heißt, er schrie es beinahe, »und mit wieviel Leuten rechnen Sie?«

»Nun, es werden schon welche kommen.« Pomeranzew lächelte. »Unser Kreis ist ziemlich groß, ich denke, so an die fünfzig, vielleicht auch mehr. Natürlich nur, wenn Sie keine Unannehmlichkeiten kriegen.«

Sie verabredeten das also. Und nun ging es los. Iwan Iwanytsch streifte mit dem Gefühl eines Siegers durch Paris. Bilde dir nichts ein, flüsterte er sich selbst zu, aber die Verlockung war stärker. Sie hätte ihn überwältigt, wäre da nicht in seinem erhitzten Hirn das Bild der nicht lange zurückliegenden Szene vor Notre-Dame und seines Fiaskos gewesen. Er bemühte sich, sich das ständig vor Augen zu halten, auch, wie er reingelegt worden war, und gab sich allerlei herabwürdigende Beiwörter ...

Nicht genug damit, er beschloß, erst mal schnell in eines der Pornokinos hineinzuschaun, von denen er auf der Pigalle viele gesehen hatte, natürlich nur studienhalber, wie sie in ihrem Kreis unter kurzem Auflachen zu sagen pflegten. Das waren Filmtheater mit pausenlosen Vorführungen, man konnte den ganzen Tag da sitzen. Man betrat den dunklen Saal, während ein Film lief, und verließ ihn auch wieder im Dunkeln ... Doch für Iwan Iwanytsch reichten etwa fünfzehn Minuten. Auf der Leinwand gab sich ein künstlich schreiendes und stöhnendes Pärchen einförmigen und langweiligen Liebesfreuden hin, wobei es wie nach einem vorher festgelegten Szenarium und mit idiotischem Ausdruck auf den plebejischen Gesichtern die Stellungen wechselte.

Der Saal war leer bis auf ein Dutzend reglos der Vorführung folgender alter Männer. Wenn sie genug gesehen hatten, glitten sie einzeln aus dem dunklen Saal, und lüsterne Neue nahmen lautlos ihre Plätze ein. Auf der Leinwand spielte sich indessen immer das gleiche ab. Ein nackter Mann mit dem Gesicht eines Zigarettenverkäufers handhabte eine gefügige, längst nicht mehr junge, unappetitliche Köchin. Er drehte sie vom Rücken auf den Bauch, setzte sie hin, legte sie wieder flach, quälte sie gleichgültig und professionell, sie aber glotzte mit ihren Kuhaugen auf das Szenarium, und das keineswegs vor übergroßer Leidenschaft. Sie machte den Eindruck, als führe sie eine nicht sehr angenehme Arbeit aus. Was mögen sie ihr dafür bezahlen? dachte Iwan Iwanytsch, und mit dieser Frage verließ er den leeren Saal. Dabei hatte man von verschlungenen Sujets erzählt, von Schönheiten, Sexbomben, durchtriebenen, gewitzten Verführern und raffinierten losen Frauenzimmern!

Der Tag seiner Veranstaltung näherte sich unaufhaltsam. Sie war für Donnerstag verabredet, am Samstag danach sollte die Touristengruppe zurück nach Moskau fahren. Gott sei Dank, dachte Iwan Iwanytsch, bald geht's nach Hause! So kurz vor dem Auftreten waren seine Nerven bis zum Zerreißen gespannt, außerdem war ihm von seinen jämmerlichen neunzig Touristen-Francs kein Centime mehr geblieben, und mit leeren Taschen durch die Pariser Straßen zu schlendern war ein zweifelhaftes Vergnügen. Doch an einem der ersten Tage hatte ihn das Schicksal mit Léon zusammengeführt, einem Professor der Slawistik. Das dank Anetschka aus Iwanowo, Léons Frau, die ihren Mann ins Hotel geschleppt hatte, um ihn mit einem Moskauer Dichter bekannt zu machen. Und nun gingen sie durch das nächtliche Paris, plauderten über dies und das. Ihnen angeschlossen hatte sich Juli, ein Moskauer Dramatiker. Léon sprach ausgezeichnet Russisch. Wie sich herausstellte, war er ein französischer Kommunist. Lachend erinnerte sich Iwan Iwanytsch an seine jünglingshafte Begeisterung für die französischen Kommunisten: Ach, Cachin! Ach, Thorez! Ach, Duclos! Wie war das verwelkt und verblaßt! Anja lachte darüber, doch der kleine, korpulente, schwammige Léon stülpte unzufrieden die Unterlippe vor und zeigte keine Neigung zu ironisieren. »Na, na«, sagte er wie scherzhaft zu seiner Frau, »verkneif dir bitte dein spöttisches Gelächter.« Iwan Iwanytschs Gedichte und Lieder kannte er schon lange, wie sich zeigte, was jenem schmeichelte und sein leichtes Schwindelgefühl noch verstärkte. In dem Augenblick, als dieser Schwindel ein beträchtliches Niveau erreicht hatte, als Iwan Iwanytsch sich ausmalte, wie er doch durch Paris geht, vorbei an glitzernden Schaufenstern und vielfarbiger Neonreklame, umwogt vom festlichen Rauschen der Autos und Menschenmassen, in Begleitung von Parisern, die ihn kennen und mit Respekt von ihm sprechen, in diesem Moment betraten sie die enge Saint-Denis-Straße, wo sich vor den beleuchteten Eingängen kleiner Hotels echte Hetären drängten, langbeinig, vollbusig und halbnackt! Das waren keine jämmerlichen, fahlen Reproduktionen von Bildern großer Meister, sondern lebendige, laute, heiße Versucherinnen, die ihre Reize nach rechts und links zur Schau stellten, mit geschäftstüchtigem Chic und professionellem Zauber.

»Na bitte«, sagte Léon. »Das ist Paris. Gefällt's Ihnen?«

Da erwachte in Iwan Iwanytsch so etwas wie ein alter Spieler, ein gewiefter Kerl, ein Moskauer Pharisäer, er kniff die Lippen zusammen und zuckte verächtlich mit den Achseln, auch wenn er die Bewegung leicht verzögerte, um sich einzuprägen, was sich da abspielte, und blickte mehr aus den Augenwinkeln hin, gewissermaßen zufällig, unwillig, gezwungenermaßen. Die roten Augen funkelten, spiegelten die Lichter der Reklame und der verlockenden Eingänge zu den verurteilenswerten Hotels. Die Hetärenaugen sahen aber seltsamerweise auch rot aus, und ein Duft von Parfum, Kaffee und Hoffnung durchzog die Aprilluft. Was bin ich eigentlich? dachte Iwan Iwanytsch. Ein jämmerliches Moskauer Nichts, verblödet durch sinnliche Begierde, oder ein normaler Mann, erregt von weiblichen Reizen? Er empfand übrigens weder Begierde noch Leidenschaft.

»All das hat was von Theater an sich«, sagte der besonnene Juli.

»Mein Gott«, seufzte Anja, »Sie müßten sie mal am Tag sehen! Ihre angemalten, durch all die Schminke grün schimmernden Gesichter!«

»Mach sie nicht schlecht, Anja.« Léon lächelte spöttisch. »Es sind gewöhnliche Professionelle, weiter nichts. Sie sind eben im Dienst.« Und er fragte Iwan Iwanytsch: »Nun, wie fühlen Sie sich hier?«

»Ich fühle mich wie eine in engen Pariser Kreisen weithin bekannte Persönlichkeit.« Iwan Iwanytsch lachte erleichtert auf.

»Nein«, sagte Léon beharrlich, »ich meine in Hinblick auf diese Frauen ...«

»Aah«, log Iwan Iwanytsch stolz. »Nicht weiter interessant ... ich dachte ...«

Juli nickte. Léon grinste verständnisvoll.

Im Hotel erinnerte sich Iwan Iwanytsch vor dem Einschlafen an den bevorstehenden Abend, und ihm graute. Am Morgen rief obendrein auch noch Kirill Pomeranzew an und sagte, die Vorbereitungen für den Abend seien im vollen Gange, aber die Zahl derer, die daran teilzunehmen wünschten, habe katastrophal zugenommen, es würden wohl nicht fünfzig, sondern sicherlich über fünfhundert kommen.

»Franzosen?« fragte Iwan Iwanytsch hoffnungsvoll.

»Aber nein«, sagte Kirill, »Landsleute, Russen ... Emigranten ... Franzosen würden das nicht verstehn ...«

Kurzum, die Veranstaltung war für Donnerstag geplant. Am Samstag sollte es dann zurück nach Moskau gehen. Die Zeit flog nur so dahin. Und wo würde er auftreten? Im Saal der »Mutualité«. Was bedeutet »Mu-tu-ali-té«? Das ist ein riesiger Saal, wo alle möglichen Kongresse und Konferenzen abgehalten werden! Was, da soll ich auftreten? Nein-nein, das wird nicht im großen Saal sein, wo mehrere tausend Plätze sind, sondern im kleinen. Der hat an die achthundert Plätze. Auch nicht schlecht, wie? Herrgott, ich werde in Paris auftreten! In der »Mutualité«! In Iwan Iwanytschs Herz begann es wieder zu tosen. Paris war verblaßt. Die gestrigen erotischen Gelüste erschienen nun erbärmlich. Die Hetären erinnerten an gewöhnliche Huren vom Komsomolskaja-Platz. Und überhaupt die Pariserinnen, die nur nach vorn blickten und niemals auf ihn ... uninteressant wurden sie durch ihre Unaufmerksamkeit und Gleichgültigkeit. Wenn sie nur gewußt hätten ... Ob sie wohl jemals in die »Mutualité« kamen? überlegte Iwan Iwanytsch, während er als unbekannter Schatten auf den von der Geschichte blankgeschliffenen Pflastersteinen der Pariser Trottoire ausschritt.

Endlich war der Donnerstag heran. Léon war als Dolmetscher engagiert. Kirill behauptete, das sei nicht nötig: Franzosen würden nicht da sein.

»Das ist nicht ganz anständig«, sagte Léon, »immerhin sind wir in Frankreich. Auch wenn nur zehn Franzosen aufkreuzen sollten, ist eine Übersetzung erforderlich.«

Er war ein gründlicher Mann und duldete keinen Widerspruch. Iwan Iwanytsch erklärte sich mit allem einverstanden, denn er war völlig erschöpft.

Der Saal war riesig, größer, als er erwartet hatte. Die letzten Reihen versanken jedenfalls im Halbdunkel. Freie Plätze gab es nicht. Wie in Moskau! dachte Iwan Iwanytsch, als er – selbst noch hinter dem Vorhang verborgen – in die Tiefe des Raumes blickte. Ihm schwindelte. Ihm wurde leicht übel. Jemand faßte ihn am Ärmel. Eine nette Frau sagte mit Akzent, daß Vertreter einer großen Pariser Plattenfirma da seien. Wo? ... Hier, im Saal. Sie würden zwecks Herausgabe einer Schallplatte zuhören. »Meiner?!« – »Ja, Ihrer!« – »Dann sollen sie zu mir kommen!« – »Natürlich werden sie zu Ihnen kommen, nach der Veranstaltung, sie wollen erst zuhören und sich dann entscheiden. Sie verstehn doch?« Sie lächelte breit. Das brachte ihn aus dem Konzept.

»Konnten Sie mir das nicht nach der Veranstaltung sagen?« flüsterte er düster.

»Wollen Sie denn keine Platte?« fragte sie verwundert.

Da stieß Léon ihn an, und sie traten auf die Bühne heraus. Er wurde sehr herzlich begrüßt. Léon stand neben ihm. Er sagte etwas auf französisch ins Mikrophon. Der Saal verstummte. Der Anstand war gewahrt. Iwan Iwanytsch entsann sich, wie er kurz vor Beginn gefragt hatte, was für ein Publikum im Saal sei. »Ehemalige Weißgardisten«, hatte Ljowa spöttisch geantwortet. »Und natürlich Vaterlandsverräter aus dem letzten Krieg«, hatte Juli mit ironischer Anspielung auf die offizielle Presse ergänzt. Bei anderer Gelegenheit hätten sie gekichert, denn jetzt wurde diese Terminologie nicht mehr ernstgenommen wie noch vor kurzem, sondern man betrachtete das alles mit bitterer Ironie, und nur so … Doch hier im Saal, in Paris, wo hörbar russisch gesprochen wurde, Russisch sogar vorherrschte, russische Redebrocken wie »Guten Abend, meine Herren …« – »Darf ich bitte vorbei, meine Herren …« an sein Ohr drangen, war all das keine leere Phantasie mehr, sondern Realität. Armer Iwan Iwanytsch! Hätte er in seiner Kindheit, als sie im Hof Rote und Weiße spielten, ahnen können, daß er etliche Jahrzehnte später vor einstige Kappel- und Wrangelleute auf die Bühne treten würde? Hätte er etwa 1942 an der Front geglaubt, daß er einmal zur Gitarre singen würde? In Paris! Vor einstigen Wlassowleuten, Verrätern, Abtrünnigen (wie sie immer noch genannt wurden)? Und nun saßen sie vor ihm, sehr alte und noch junge, ihre Frauen, Schwestern und Kinder, und auf ihren Gesichtern bemerkte er Zuneigung. Eine Menschengruppe, die von jemandem in zwei erbitterte Hälften getrennt war, doch zusammenstrebte, die litt, das von beiden Seiten einander zugefügte Böse nicht vergaß und von der unausbleiblichen Sehnsucht nach Vergeben erfüllt war.

In der ersten Reihe saß Kirill. Konzentrierter Blick, eingefallene Wangen. Er saß da mit verkrallten Fingern, dieser einstige Gymnasiast, der Rußland damals, zu unvorstellbaren Zeiten mit Papa und Mama inmitten flüchtender Massen verlassen hatte, der nach alldem noch weich sein, Gedichte schreiben konnte, und der einsam war … Wie er lächelte! Wie unvermittelt, für Augenblicke, dieses Lächeln auf seinem Gesicht erschien. Jetzt ist er schon ein alter Mann. Das Leben ist kurz. Die

Heimat weit. Ihr verzerrtes Gesicht ist widerwärtig, erbärmlich und erhaben, Paris aber teilnahmslos, kalt und duldsam.

Iwan Iwanytsch nannte den Titel des jeweiligen Liedes, dann übersetzte Léon aufmerksam ins Französische. Die Gitarre wollte nicht mitmachen, aber Iwan Iwanytsch preßte ihren ungehorsamen Körper zwischen den Fingern, bis es schmerzte. Allmählich kam die Sache in Gang, beim zweiten oder dritten Lied war bereits alles in Ordnung. Er wurde herzlich angenommen. Einige Titel riefen Beifall hervor: Sie kannten sie also, hatten sie schon mal gehört! Seine Befangenheit war fast gewichen, obgleich irgend etwas noch immer fehlte. »Lied vom schwarzen Kater« sagte er an. Der Saal applaudierte. Léon übersetzte. Gelächter und Pfiffe ertönten, entrüstete Ausrufe. Léon war puterrot wie ein junges Fräulein. »Was ist denn?« fragte Iwan Iwanytsch. »Na los, sing schon!« forderte Léon. Iwan Iwanytsch zuckte mit den Achseln und lächelte verwirrt. »Herr Robel hat tendenziös übersetzt!« schrie es aus dem Saal. »Ich verstehe nicht«, sagte Iwan Iwanytsch zu Léon. »Na sing schon, sing«, zischte der Professor. Da trat Kirill vor und sagte laut: »Herr Robel hat dieses Lied als ›Liedchen über ein schwarzes Kätzchen‹ angekündigt.« Das Lachen wurde lauter. Léon sagte ins Mikrophon: »Ich habe mich geirrt. Verzeihen Sie bitte.«*

Dann lief alles prächtig. Iwan Iwanytsch spürte, daß er angekommen war. Den ganzen riesigen Saal hatte er in seiner Macht … Als aber dies Gefühl seiner Macht, dieser festtäglichen Herrschaft den Höhepunkt erreicht hatte, wurde er plötzlich seiner selbst gewahr, erblickte

* Das »Lied vom schwarzen Kater« verschließt sich jeder Verniedlichung, legt eher nahe, auf Stalin bezogen zu werden. (Anm. d. Hrsg.)

er dort, im Halbdunkel, über den Köpfen der Zuhörer seine verschwimmenden, von der eigenen Überhitzung schwankenden, unwirklichen Umrisse – klein und schwächlich, mit merklich gelichtetem Haarschopf, in zerknautschten Hosen und grünem Pulli, die ungehorsame Gitarre im Arm, mit aufgerissenen Augen, die um Gelingen flehten. Mechanisch sang er die Worte seiner Verse, schaute dabei in die freundlichsten Gesichter der ersten Reihen, vernahm den Beifall, doch die erniedrigende Vision wich und wich nicht vor seinen Augen.

»Ach, Arbat, mein Arbat, du bist mein Vaterland …«, sang er und sah plötzlich einige weinen. Warum weinen sie denn? dachte er und glaubte im ersten Moment, daß sein Vortrag so rührend und beeindruckend sei, daß er sie mit seiner Kunst zu Tränen rühre, doch zum Glück stellte er sich sofort ihre Schicksale vor und diesen Arbat, der auch ihr Vaterland war, das ewige und wegen irgendwelcher nicht sehr gerechten Verfügungen nicht zugängliche Vaterland …

Als alles zu Ende war und ringsum die Leidenschaften tosten, als man ihm die Hände drückte und auf die Schulter klopfte, in diesem Moment tauchten vor ihm wohlmeinend lächelnde Herrschaften in Begleitung der Dolmetscherin von vorhin auf. Sie wären nicht abgeneigt, von ihm eine Platte herauszubringen. Wir denken, das ist durchaus erfolgversprechend. Und wenn Sie nichts dagegen haben … Natürlich habe ich nichts dagegen, aber … Also morgen, Freitagabend. Wir erwarten Sie. Aber Samstag reisen wir ab … Nein, nein, am Freitag, morgen. Er sah Léon an.

»Wir fahren hin, wir fahren«, sagte Léon. »Ich helfe dir.«

Am Morgen ging er durch Paris. Im Kopf dröhnte noch der Saal vom Vortag. Er sah die Gesichter – ihre

Tränen und das Lächeln. Er war ganz in der Gewalt seines gestrigen Erfolgs. Er ging durch Paris. Es war sommerlich warm und gemütlich. Niemand kannte ihn. Niemand beachtete ihn. Aber das verdroß ihn kein bißchen, im Gegenteil – er ging durch Paris. Sein Gang war erhaben. Am Abend würden seine Lieder für eine Platte aufgenommen werden.

Schon war sein kleiner Touristenkoffer gepackt. Schon war für morgen die Abreise aus Paris vorgesehen. Schon hatte er einige bekümmerte Seufzer wegen leichtfertig vergeudeter Tage ausgestoßen, auch wenn es gestern das Konzert gegeben hatte, ja, ein Konzert ... aber sonst? Da erschien der pünktliche Léon, und sie jagten im Taxi zur Firma »Le Chant du Monde«. Lange gingen sie durch endlose Korridore, über Treppen, vorbei an Büros voller lächelnder, eifriger und gleichgültiger Mademoiselles, und gelangten schließlich zu dem ersehnten Studio. Iwan Iwanytsch war wie benommen. Durch leichten Nebel sah er das Aufnahmegerät, irgendwelche Leute bewegten sich langsam wie Wesen in einem Aquarium. Léon war verschwunden, dann tauchte er wieder auf. Er flüsterte Iwan Iwanytsch vielsagend zu: »Der Chef bietet dir zweieinhalbtausend Francs für zwanzig Lieder ... Hörst du mich?«

»Was für Franc?« fragte Iwan Iwanytsch erstickt.

»Gewöhnliche«, sagte Léon, »hast du etwa nicht an Geld gedacht?«

»Ich verstehe nicht«, rief Iwan Iwanytsch schnell, »an Geld habe ich nicht gedacht. Ich dachte nicht ... Ich soll Geld ... Ich kriege ... ist das etwa Honorar?«

»Ja, ja«, sagte Léon und runzelte die Stirn. »Ja, ja.«

Iwan Iwanytsch kam zur Besinnung. Er entsann sich seiner längst ausgegebenen kümmerlichen neunzig.

»Und das werden sie mir auszahlen?« Er schrie es fast.
»Das ist wenig, du mußt mehr verlangen«, zischte Léon durch die Zähne.
»Nein, nein!« rief Iwan Iwanytsch. »Das reicht! Warum? Nicht nötig.«
»Na gut«, sagte Léon, »ich werde es ihnen sagen.« Und er ging los, um zu verhandeln.
Auf Iwan Iwanytschs Stirn trat kalter Schweiß. Heute, nach einem Vierteljahrhundert, mag es so aussehen, als wären zweieinhalbtausend Francs eine lächerliche Summe, derentwegen es nicht lohnt, in die Hände zu klatschen und in Schweiß zu geraten. Aber damals waren andere Zeiten, und Iwan Iwanytsch hatte noch nicht gelernt, seine Lieder als Arbeit zu begreifen, eher betrachtete er sie als seelischen Erguß, als Vergnügen. Was sollte da Geld! Ja, damals war selbst diese Summe für ihn, für seine Verhältnisse groß. Die Aufnahme einer Platte in der großen Stadt der großen Chansonniers – das war doch an sich schon eine hohe Ehre, für die man gerechterweise selber hätte zuzahlen müssen.
Léon kam zurück und sagte: »Er gibt dreitausend.«
»Oh!« stieß Iwan Iwanytsch gerade noch hervor.
»Kapitalisten zahlen immer für Arbeit«, murmelte der französische Kommunist halb scherzhaft und halb im Ernst, »also komm, nimm die Gitarre und arbeite, mach schon.«
Wie sich herausstellte, bringt Geld einen schnell wieder zur Besinnung, verleiht einem mehr Schlauheit, Berechnung und allerlei rechtfertigende Motive. Und wie erregt und benommen Iwan Iwanytsch auch immer war, so erkannte er doch im Augenblick, daß er dieses Geld unmöglich nach Moskau mitnehmen durfte. Er mußte es ausgeben, alles ... Aber wo sollte er es ausgeben, wenn

es schon spät am Freitagabend war und sie früh am Morgen abfahren würden? Stotternd und stirnrunzelnd sprach er mit Léon darüber. Nervös fuchtelte er mit den Armen und tänzelte herum, aber der unerschütterliche Professor tröstete ihn. Es stellte sich heraus, daß es in dem gelobten Paris riesige Kaufhäuser gibt, die bis spätnachts geöffnet sind!

Da griff Iwan Iwanytsch zur Gitarre und stimmte sie recht und schlecht. Alles wurde still, und er begann zu singen. Schnell, schnell. Ein Lied nach dem anderen. Fast ohne Pause. Ohne einen einzigen Fehler. Vor Augen hatte er die Wanduhr mit dem unerbittlichen Zeiger. Er riß an den Saiten. Er genierte sich nicht vor seiner Umgebung. Ihn zeichnete Paris auf! Dort, in Moskau, hatte er nie an eine Platte gedacht. Dort hätten sie ihn ausgelacht, wenn er das auch nur angedeutet hätte, oder sie hätten ihn mit höflichen Worten gedemütigt. Was für Zeiten ... es gibt keinen Propheten ... gut, daß die Geschäfte bis Mitternacht auf haben ... alles im Dienst des Menschen ...

Der letzte Akkord war ungestüm. Seine Kehle war ausgetrocknet. Er hatte seine Arbeit getan und wunderte sich schon nicht mehr, als man ihm einen dicken Umschlag aushändigte und ihn bat, den Empfang zu quittieren.

Wie schnell sie aus dem Studio gestürzt waren, ein Taxi erwischt hatten, läßt sich kaum beschreiben. Sie liefen in die »Galeries Lafayette«, in ihre grell erleuchteten, duftenden Innenwelten, wo es fast keine Verkäufer gab, auch kein Publikum mehr, und nur einzelne träge Gestalten herumschlenderten. Das Fieber hatte Iwan Iwanytsch noch nicht verlassen, war sogar noch heftiger geworden. Léon folgte ihm und schwieg zartfühlend. Als erstes hatte Iwan Iwanytsch seine Augen auf eine große Tasche geworfen, er ergriff sie und begann sie mit allem vollzustopfen, was ihm unter die Hände geriet. Und unter die Hände gerieten ihm nicht gerade ungewöhnliche, doch immerfort westlich erlesene, den Blick fesselnde, sich aufdrängende Dinge. So warf er eine schöne Zahnbürste in die Tasche und dann noch eine, dann eine Kleiderbürste und einen Tischfeger. Dann legte er ein Messingglöckchen mit langem Griff hinein, das so anheimelnd klingelte. Wozu das alles? Der Gedanke huschte ihm durch den Kopf, verschwand aber sofort wieder. Dann erwarb er noch ein Paar entzückender kleiner Bleisoldaten. Es ist eine Schande! dachte er. Etliche Paar Nylonsocken und einen Packen Damenstrümpfe ... Léon kam kaum hinterher. Ein Uhrarmband, mehrere Plastikfeuerzeuge in allen Farben des Regenbogens, nur eins durchsichtig, dafür schwamm darin eine bezaubernde nackte rosige Nymphe in goldenem Benzin und lächelte schamlos. Slips, Nickis, ein Fotoalbum, eine Fliegenklatsche aus Plastik, eine vernickelte kleine Kaffeekanne, ein Paket Figurenseife ... Es ist eine Schande! dachte er. Dann ein dunkelgrünes Kleid mit blaßgrünen Blumen für seine junge Frau, sechs Nirosta-Teelöffel, eine Schere, einen Satz Pariser Ansichtskarten, einen Satz blauer Briefumschläge, ein Glas eingelegter Miesmuscheln.

»Bald wird geschlossen«, warnte ihn Léon ruhig.

Da erblickte der völlig um den Verstand gekommene Iwan Iwanytsch einen Kassettenrecorder! Klein, kompakt, das Allermodernste, kaum größer als eine Handfläche.

»Oi!« seufzte er. »Unwahrscheinlich! Das ist genau das ... genau ...«

»Brauchst du es denn?« interessierte sich der Professor.

»Na hör mal!« schrie Iwan Iwanytsch. »Bei uns gibt es so was doch nicht! Das ist von unschätzbarem Wert!«

In dieser Abteilung arbeitete ein Verkäufer. Er nickte verständnisvoll und begann schnell zu hantieren, machte den Kassettenrecorder für den Verkauf fertig. Setzte Batterien ein, eine Kassette, drückte auf einen Knopf – und schon erklang Musik, mal lauter und mal leiser. Dabei erzählte er etwas, demonstrierte Funktionen. Léon nickte. Endlich bekam Iwan Iwanytsch das wertvolle Stück ausgehändigt. Er steckte es natürlich nicht in die Tasche, sondern behielt es in der Hand, drückte es an die Brust. Sie zählten das restliche Geld – etwas über hundert Francs. Iwan Iwanytsch hatte den Eindruck, als betrachtete ihn Léon voll spöttischer Verwunderung. Es ist eine Schande! dachte er und lief den Gang entlang, ergriff, was ihm unter die Augen kam, und gab alles aus. Die Tasche war bis obenhin voll. Er brachte es fertig, noch ein Päckchen geröstete Pistazien hineinzustopfen, einige Kugelschreiber, eine Heftmaschine und aus unerfindlichem Grund ein Bund Schnürsenkel.

Schließlich verließen sie befreit das Kaufhaus und atmeten geräuschvoll die Aprilluft ein. Da geschah etwas Schreckliches. Iwan Iwanytsch drehte sich ungeschickt herum und ließ den wertvollen Apparat aus der Hand fallen. Der Kassettenrecorder schlug auf den Asphalt! Dank des Lederfutterals klang der Aufprall weich.

»Oooh!« schrie Iwan Iwanytsch kläglich auf und lehnte sich an einen Türpfeiler. Der Professor hob gewandt den Recorder auf. Versuchte ihn einzuschalten – er funktionierte nicht. Iwan Iwanytsch stöhnte verzweifelt.

»Macht nichts«, sagte Léon. »Beruhige dich. Wir denken uns was aus. Macht nichts. Hol's der Teufel! Weißt du, meine Frau und ich, wir fahren bald wieder nach Moskau und bringen dir einen ebensolchen mit. Komm.«

»Was bin ich doch für ein Dummkopf!« stöhnte Iwan Iwanytsch. »Was für ein erbärmliches Nichts!« Doch plötzlich veränderte sich sein verzerrtes Gesicht. Die Augen funkelten mit letzter Hoffnung. Der Professor sah ihn betroffen an.

»Wir gehen zu diesem Verkäufer«, flüsterte Iwan Iwanytsch, »und sagen ihm, der Recorder hat aus irgendeinem Grund ... Verstehst du? ... hat aus irgendeinem Grund aufgehört ... gehen wir, ja?«

»Denkst du, das ist richtig?« Der Professor wurde rot.

»Ob er es glauben wird, wenn wir hingehen?« Iwan Iwanytsch wurde unruhig. »Na, ich drücke auf den Knopf, aber er funktioniert nicht. Es ist doch so? Das wird er doch glauben?«

»Glauben wird er das schon.« Léon lächelte sauer. »Vielleicht bittet er sogar um Entschuldigung, aber das ist doch ...«

»Ich hätte diesen Recorder so gern gehabt!« krächzte Iwan Iwanytsch.

»Na schön, wenn du willst, kehren wir um.« Der Professor wurde wieder rot.

Sie kamen zu dem Verkäufer zurück, und Léon erklärte ihm irgendwas. Der Verkäufer drückte auf die Knöpfe des Kassettenrecorders, zuckte mit den Achseln und ging weg.

»Was hast du gesagt?« fragte Iwan Iwanytsch mit Mühe.

»Ich habe gesagt, der Recorder funktioniert aus irgendeinem Grund nicht mehr«, stieß Léon hervor.

»Und er?«

»Er hat sich vielmals entschuldigt. Gleich bringt er einen neuen ... Das ist Betrug, findest du nicht?«

»Und das schwarze Kätzchen – war das etwa kein Betrug?« fragte Iwan Iwanytsch mit verzweifeltem Vorwurf. »Na, Léon?«

»Nein«, sagte Léon, »ich habe im Geist eurer Presse gehandelt, das ist Taktik.«

Bereits im Taxi, sagte Iwan Iwanytsch nach einem tiefen Seufzer: »In Moskau hätten sie es nie und nimmer umgetauscht!«

Léon schwieg.

Es war schon weit nach Mitternacht, als sie die Hotelvorhalle betraten. Dort sprang ein unbekannter Mann von seinem Sessel auf und eilte auf Iwan Iwanytsch zu.

»Und ich warte schon so lange auf Sie!« rief er freudig, streckte ihm die Hand entgegen und stellte sich als Semjonow, Mitarbeiter der sowjetischen Botschaft, vor. »Wissen Sie, es geht darum, daß der Pariser Verlag ›Julliard‹ ein Buch von Ihnen herausgebracht hat und der Verleger Ihren Aufenthalt in Paris für weitere zwei Wochen finanziert.« Als er plötzlich sah, daß sein Gesprächspartner von der Nachricht erschüttert war, lachte er auf und setzte hinzu: »Alle Formalitäten erledigen wir morgen, und morgen sollen Sie ihn auch aufsuchen. Vielleicht fällt sogar noch ein Honorar ab.« Er zwinkerte ihm zu.

Nachts konnte Iwan Iwanytsch nicht einschlafen. Er versuchte es, aber ihn plagten Alpträume. Er stand auf, schüttete alle Einkäufe auf den Boden. Eine solche Masse neuen Plunders auf einem Fleck hatte er noch nie gesehen.

»Idiot!« rief er, und seine Stimme dröhnte in der nächtlichen Stille. Ja, ja, was bedeuteten schon sein imaginärer

Edelmut und seine eingebildete Feinsinnigkeit, sein unsicherer Erfolg und die Tränen auf den Gesichtern der naiven Emigranten neben diesem Plastikplunder, neben den nackten Weibern von der Hand großer Meister, neben seinen Beklemmungen und Begierden und den ihn bis in seine Träume verfolgenden unwahrscheinlichen Brüsten und Hüften der Pariser Hetären! Fragte man ihn vielsagend, ob er nicht den Eindruck habe, daß sich heute Symptome des Untergangs der Kultur abzeichnen, und wenn schon nicht ihres Untergangs, so doch ihrer offensichtlichen Auszehrung, ihrer Verarmung, und ob er nicht der Meinung sei, daß es andere Leidenschaften sind, die den heutigen Menschen beherrschen – so runzelte er nachdenklich die Stirn und gab sich den Anschein, als blicke er aufmerksam in die Vergangenheit, in die Zukunft, in Wirklichkeit aber sah er nur die vagen Umrisse von Bordellen. Was war das? Und jetzt dieses Buch! Dieses glückliche Zeichen der Zugehörigkeit zu einer Kaste der Auserwählten! Verzweifelt sagte er sich, all das sehe nach Betrug aus, er sei ein Betrüger, ein Blender!

Die Touristengruppe reiste aus Paris ab, Iwan Iwanytsch aber blieb und genoß die Gaben der mildtätigen Fortuna. Sie hatte sich tatsächlich als mildtätig erwiesen, was nicht oft geschah. Unser Held zog in ein anderes Hotel, nun schon in eine Gasse bei den Champs-Elysées, ein Hotel von fast dem gleichen Niveau wie das erste, fast, denn es war immer nur ein Hotel gewesen, nichts anderes, in dem kleinen Zimmer stand auch kein offenherziges Bidet, und das Bett war nicht so breit und vielsagend.

In der ersten Tageshälfte blieb Iwan Iwanytsch sich selbst überlassen, gegen zwei Uhr holte ihn der nun schon bekannte Mitarbeiter der Botschaft Semjonow ab, und sie fuhren in den Verlag. Iwan Iwanytsch, ich will's nicht verhehlen, war sehr aufgeregt, wenn er sich vorstellte, wie er seine französische Ausgabe in die Hand nehmen würde. Das wäre an sich schon ein Festakt, das Honorar aber erschien ihm als wunderschöne, beseligende Maßlosigkeit.

Bevor sie das Zimmer verließen, hatte er voll Schrekken und Scham noch einmal die bis obenhin mit Plunder vollgestopfte unglückselige Tasche betrachtet und sich geschworen, nie wieder solch hemmungsloser provinzieller Gier nachzugeben. Zudem fiel ihm, bereits unterwegs zum Verlag, das gepfefferte armenische Wort »Tschtes« ein, dieses flammende Konzentrat unverhohlener Verachtung für einen Menschen, der nie etwas sieht und daher immer müßiggeht, leerläuft, während ihm der Speichel der Begierde auf die Lippen tritt. Wie eben ein Tschtes!

Der Direktor des Verlags war freundlich, aber zurückhaltend. Sein Aussehen verleitete nicht zu einem längeren Gespräch, was Iwan Iwanytsch, der in solchen Begegnungen keine großen Erfahrungen hatte, sehr recht war. Er antwortete höflich auf einige inhaltsleere, gleichgültige Fragen. Semjonow übersetzte sorgsam. Sie rauchten. Nickten einander zu. Lächelten sich an. Dann wurde Iwan Iwanytsch ein Umschlag überreicht, den er den würdevollen Händen des Direktors am liebsten entrissen hätte, aber er wollte nicht wie ein Tschtes aussehen, und so lag der Umschlag bis zum Aufbruch ungeöffnet vor Iwan Iwanytschs Nase. Iwan Iwanytsch erklärte sich einverstanden, an einem Buchbasar teilzunehmen, sein Buch zu verkaufen und es für Käufer zu signieren. Dann gab man ihm mit der gleichen Sachlichkeit wie den Umschlag mit dem Geld endlich auch ein Exemplar seines Buches. Es war zum Verrücktwerden! In Moskau hatte man diese kleine Kriegserzählung nicht verlegt. Sie war verboten worden, wurde wegen Pazifismus und Antiheroismus in Grund und Boden kritisiert, in Paris war sie jetzt erschienen! In einem festen Einband! Ein geschickter Graphiker hatte ihn gestaltet. Der Name des Verfassers – sein Name! – war in ungewohnter lateinischer Schrift gesetzt und wirkte feierlich und unwiederholbar. Paris verwandelte sich allmählich in einen freigebigen Wohltäter. Oh, wenn man doch wüßte, was einen noch erwartete und was die launische Vorsehung noch zusammenphantasieren konnte! Übrigens demonstrierte sie schon am Verlagseingang ihre höhnische Herzlosigkeit. Als Iwan Iwanytsch aus der Tür trat, stieß er auf den Leningrader Schriftsteller Viktor. Sie kannten sich schon lange und freuten sich über die Begegnung.

»Hat man dich auch hergebeten?« fragte Iwan Iwanytsch.

»Aber ja, Alter.« Viktor lächelte. »Ich habe da ein Buch, verstehst du …«

»Ich auch«, sagte Iwan Iwanytsch und zeigte das Geschenk des Schicksals.

Viktor drehte das Buch in der Hand und fragte besorgt: »Hast du wenigstens Geld bekommen?«

»Na klar«, sagte Iwan Iwanytsch.

»Also, ich geh dann«, sagte Viktor hastig und schritt zum Aufgang.

Iwan Iwanytsch beschloß, auf den Freund zu warten. Mit Semjonow vertrat er sich vor dem Eingang die Beine, aber Viktor hielt sich nicht lange im Hause auf. Er kam schnell wieder herausgeflogen. Auf seinem Gesicht malte sich Betroffenheit. In der Hand hielt er etwas Großes, Quadratisches, in Papier Gewickeltes.

»Was soll ich denn damit, kannst du mir das sagen?« schrie er. »Den Teufel brauch ich so was. Aber Geld, begreifst du, hat er mir aus irgendeinem Grund nicht gegeben!«

»Und was ist das?« fragte Iwan Iwanytsch.

»Er hat es mir feierlich überreicht. Aber was, zum Teufel, soll ich damit?«

Er wickelte den Gegenstand aus. Dem Blick bot sich eine in Öl auf Pappe gemalte Kopie des Umschlags von dem Buch, das er in der anderen Hand hielt, nur vergrößert.

»Der Entwurf des Umschlags zu meinem Buch, verstehst du? Was soll ich damit anfangen? Mit Komplimenten haben sie mich überhäuft, mir zugelächelt.« Plötzlich lachte er laut los. »Vielleicht ist aber die Demütigung nützlich, ah? Was meinst du, Alter?«

»Ein schönes Bild«, sagte Iwan Iwanytsch aufmunternd. »Auch der Rahmen ist schön.«

Viktor hatte es eilig, er lehnte das Bild an die Wand des Hauses, winkte Iwan Iwanytsch und ging auf dem Pariser Pflaster davon.

»Das sind vielleicht Banditen,« sagte Semjonow. »Machen, was sie wollen. Bei uns zu Hause achtet man die Schriftsteller ...«

Es schien, als hätte Fortuna in ihrem Bemühen, ihn für die Erniedrigungen der ersten Tage wenigstens etwas zu entschädigen, alles vollbracht. Sie hatte Iwan Iwanytsch die Dankbarkeit seiner Zuhörer in der »Mutualité« demonstriert, die Hoffnung auf eine Schallplatte geweckt, die nicht irgendwo herauskommen würde, sondern in Paris! Hatte ihm Geld hingeblättert, ihm ein Buch in französischer Sprache ausgehändigt. Aber wie jeder alte Fuchs argwöhnte Iwan Iwanytsch, Fortuna könnte die Luft ausgehen oder sie könnte plötzlich zu dem Schluß kommen, sie sei allzu freigebig gewesen, und nun Gemeinheiten begehen: Geld durch Geldmangel ersetzen, dann aber Hunger durch Sattheit, nicht wahr? Sei auf der Hut, du Glückspilz, Glück ist trügerisch und unzuverlässig. Doch das sage ich mir heute warnend, nahezu dreißig Jahre später, damals indessen argwöhnte Iwan Iwanytsch zwar, daß alles am seidenen Faden hing, war aber schon so in Fahrt geraten, daß er nicht mehr anhalten konnte. Dann brach es über ihn herein ...

Der Buchbasar erinnerte ihn zu seiner Verwunderung an einen gewöhnlichen Markt: Auf einem großen Platz waren lange hölzerne Ladentische unter ebenfalls hölzernen Schutzdächern aufgestellt, hinter den Ladentischen standen Schriftsteller, und vor ihnen türmten sich Bücherstapel. Bei einigen drängte sich bereits Publikum, andere verblieben in stolzer Einsamkeit. Iwan Iwanytsch hatten sie einen tüchtigen Packen seiner Bücher gegeben, und er erstarrte in Erwartung französischer Käufer. Rechts von ihm war ein reger Handel im Gange. Der glückliche Autor signierte, schenkte den Käufern Lächeln, und seine Bücher wurden immer weniger. Das war, wie Semjonow erklärte, ein bekannter und sehr populärer junger Philosoph. Links handelte ein älteres Dickerchen mit großer trauriger Nase mit seinen Büchern. Bei ihm wurde nichts gekauft. Wie sich herausstellte, war es Jacques Duclos, einer der kommunistischen Führer Frankreichs! Er bot seine Memoiren feil. Iwan Iwanytsch zuckte regelrecht zusammen bei der Vorstellung, daß neben ihm jetzt Suslow stünde oder vielleicht Woroschilow ... Nicht auszudenken!

Bis zum Essen hatte Iwan Iwanytsch noch kein einziges Buch abgesetzt, aber Duclos war auch noch keins losgeworden, und das tröstete ihn. Iwan Iwanytsch rechnete übrigens auch nicht mit Erfolg: Die Franzosen kannten ihn nicht, die Presse hüllte sich in Schweigen. Ihm war, ehrlich gesagt, klar, daß dieses Büchlein durchaus kein Ereignis für die westliche Welt war, dafür wußte er, daß er zu Hause mit seiner Pariser Ausgabe Eindruck machen konnte. Was für ein bedeutsames Dokument! Daheim würde man man von seinem Verfasser mit spürbarer Hochachtung reden.

Die Essenzeit rückte näher. Überhaupt war es langweilig. Man hörte leise Musik und einsame, unverständliche Rufe. Das Publikum war auch kein Trost. Am Ladentisch zogen langsam unattraktive Pariserinnen in Alltagskleidern vorüber. Von irgendwoher tauchte Semjonow auf, kaufte lächelnd ein Buch und legte es Iwan Iwanytsch zum Signieren vor. Eins hatte er verkauft! Im Gegensatz zu Duclos!

Am Abend im Hotel trat ein Unbekannter an ihn heran und sagte in reinem Russisch: »Ich heiße Serge, Serjosha. Ich habe einen Auftrag. In Paris gibt es ein bekanntes georgisches Restaurant. Die Besitzer sind zwei prächtige alte Georgier, Brüder, Emigranten. Sie haben mich gebeten, Sie für morgen zum Essen einzuladen.«

Iwan Iwanytsch nahm sofort an. Überhaupt muß man sagen, daß ihn sein relativer Erfolg, wie sonderbar es auch klingt, weder hochmütig noch übermäßig selbstsicher gemacht hatte, sondern im Gegenteil umgänglicher und großzügiger. An Serges Miene war zu erkennen, daß er von Iwan Iwanytsch wenn schon nicht Hochnäsigkeit und Arroganz, so doch Zurückhaltung und eine gewisse Erhabenheit erwartet hatte, das zumindest. Hier aber ergab sich alles ganz einfach, ganz leicht. Sie trennten sich, miteinander zufrieden.

Wäre Iwan Iwanytsch freilich über Fortunas Launen im Bilde gewesen, hätte er seine Leidenschaften bezähmt, aber den Mißerfolg auf dem Buchbasar hatte er noch nicht als Warnung erkannt, er hatte seinen Eifer nicht gedämpft. Oh, diese leichtsinnigen Glückskinder!

Das Essen war wundervoll. Gastgeber waren die beiden Brüder, zwei hochgewachsene, füllige, breitschultrige Georgier mit gütigen, lachenden Augen. Der eine war achtzig Jahre, der andere fünfundachtzig, doch aus ihren kräftigen, rotwangigen Gesichtern blickte die Ewigkeit. In der Literatur kannten sie sich nicht besonders aus, schon gar nicht in der russischen, aber Gerüchte über den relativen Erfolg in der »Mutualité« waren auch bis zu ihnen gedrungen, und sie freuten sich für ihren Landsmann, für Otar Otarytsch, denn in Wahrheit war er ja Otar Otarytsch, wie ich bereits erwähnte, er fühlte sich nur dank seiner Lebensumstände als Iwan Iwanytsch.

In dem kleinen, gemütlichen Restaurant hatten sich Pariser Georgier versammelt. Drei Generationen. Die Alten sprachen gut Russisch, die Jugend aber beherrschte es schon nicht mehr. Die Speisen waren georgisch und der Wein ebenfalls. Nach den ersten Trinksprüchen begann jemand zu singen, alle fielen ein, und man konnte meinen, vor den Fenstern draußen wäre nicht Paris, sondern Tbilissi. Es war ein bekanntes, getragenes, stolzes und trauriges Lied, und Iwan Iwanytsch schnürte es die Kehle zu. Er lauschte und dachte an ihre Schicksale, daran, wie sie sich, seinerzeit aus ihrem kleinen Land hinausgeworfen, doch nicht restlos in dem mächtigen, lauten, recht kalten französischen Meer aufgelöst hatten.

Links von Iwan Iwanytsch saß in einem grauen Nadelstreifenanzug der schon ältere, schöne, grauhaarige bekannte Pariser Doktor Khomeriki. In den Pausen zwischen den Trinksprüchen wechselten sie freundliche, nichtssagende Sätze, bis Doktor Khomeriki plötzlich bedeutungsvoll flüsterte: »Ich war vor kurzem in Georgien …«

Vor Überraschung verschluckte sich Iwan Iwanytsch: In jenen Jahren waren dem Sohn eines Menschewiken die Wege in die Heimat versperrt. Die Mitteilung von Doktor Khomeriki klang unwahrscheinlich und phantastisch. Der Doktor lachte auf, als er die verwunderte Miene des teuren Gastes bemerkte, und erzählte knapp, ohne überflüssige Details, seine unglaubliche Geschichte.

»Für einen Georgier ist ein Leben außerhalb der Heimat eine Strafe. Das Leben außerhalb der Heimat generell. Wenn er aber für alle Ewigkeit dort leben soll – das ist schon eine Tragödie, Genazwale*, ist wie eine Kugel in den Kopf! Als der Führer aller Völker uns endlich verlassen hatte, war mir klar, daß sich eine kleine, winzige, fast unwahrscheinliche Chance eröffnete. Das brachte mich derart in Wallung, daß es zum physischen Schmerz wurde. Alles tat weh. Nachts schrie ich vor Schmerz und Sehnsucht. Warum nur, warum mußte ich derart durchdrehen, derart verrückt spielen? Ich lebe in einem wunderschönen Land, habe einen Beruf, habe als Bürger dieses Landes den Krieg mitgemacht, bin gerade noch davongekommen. Was bedeuten im Vergleich dazu schon Kindheitserinnerungen? Als wenn es nur Erinnerungen wären! Es ist aber das Blut, und es kocht, Genazwale. Ende der fünfziger Jahre hielt ich es nicht länger aus. Alle rieten mir ab – er machte eine weitaus-

* Eine herzliche georgische Anrede, sinngemäß etwa: »mein Lieber«, »meine Liebe«. (Anm. des Hrsg.)

holende Geste, die alle Anwesenden einschloß –, »aber ich habe einen kleinen Rucksack genommen, ihn mit Souvenirs vollgestopft und bin in die Türkei geflogen. Dort bin ich bis Ardahan gelangt. Plötzlich sagt man mir, daß Ardahan an der Kura liegt! Mir kamen die Tränen, weiß Gott. Auf einem Esel erreichte ich Posof. Hinter Posof sah man schon die Berge Georgiens. Es fanden sich gute Menschen. Einige Tage erkundeten sie die Möglichkeiten, dann haben sie mich endlich heimlich über die Grenze gebracht. Können Sie sich das vorstellen?«

»Und wo waren unsere ruhmreichen Grenzer?« flüsterte Iwan Iwanytsch.

»Gott war mir gnädig«, antwortete der Doktor sehr ernst. »Ich hatte Glück, unerhörtes Glück. Als ich unter mir Kartli* atmen sah, war ich völlig erschöpft und dachte: Jetzt können sie mich aufgreifen. Aber Gott war gnädig. Ich ging zu Fuß bis Achalziche, erreichte dann mit dem Zug Chaschuri, von dort Sestafoni. Ich erinnerte mich gut an diese Stadt, die ich als junger Mann verlassen hatte, kannte sie auswendig. Ich kreiste um das Haus meiner Tante, bis sich die Nacht herabsenkte. Nachts klopfte ich ans Fenster. Nun, was sich dort abspielte, werde ich nicht erzählen! Fortuna war gnädig – ich wußte das zu schätzen. Zwei Wochen habe ich in Sestafoni gelebt. Ich stand unter einer ungeheueren Spannung. Alle meine Verwandten ebenfalls. Schließlich war es Zeit aufzubrechen. Über die Abschiedstränen will ich auch nicht reden. Auf dem gleichen Weg begab ich mich zurück. Alles verlief ohne Zwischenfälle. Erst im Flugzeug über Istanbul wurde mir klar, was ich vollbracht

* Ein georgisches Kernland, in weitestem Sinne: Georgien – Kartweli. (Anm. d. Hrsg.)

hatte. Wissen Sie, Genazwale, was für ein Schreck mich überkam!«

»Hat noch jemand außer Ihnen das versucht?« fragte Iwan Iwanytsch.

»Eeeh.« Doktor Khomeriki schüttelte den Kopf. »Wo denken Sie hin!«

Lieder wurden gesungen. Das Essen war beendet. Zum Schluß erklang eine Lesginka. Die Jugend tanzte. Man muß gesehen haben, wie sich die langbeinigen Pariser Schönen bewegten!

Alle nickten Iwan Iwanytsch wohlwollend zu und drückten so ihre Achtung aus. Lange und gerührt dankte Iwan Iwanytsch den liebenswürdigen Gastgebern. Dann begab er sich zum Ausgang, wo auf der Straße bereits der nette Doktor Khomeriki auf ihn wartete, er hatte sich angeboten, ihn ins Hotel zu bringen. In diesem Moment, schon an der Schwelle, hielt ihn ein hagerer kleiner Alter in einem eleganten schwarzen dreiteiligen Anzug mit einer fliederfarbenen Fliege an.

»Verzeihen Sie bitte«, sagte er erregt, »wissen Sie eigentlich, daß ich das Gymnasium von Kutaïssi zusammen mit Ihrem Vater besucht habe?«

»Was?« schrie Iwan Iwanytsch verblüfft. »Das kann doch nicht sein! Warum haben Sie nicht früher ... Welche Freude!«

»Ja«, sagte der alte Mann und wiegte bekümmert den Kopf, »wir haben sogar nebeneinander gesessen, auf einer Bank. Er war schön und irgendwie sehr kultiviert, obwohl er aus einer einfachen Familie stammte, wissen Sie.«

»Waren Sie befreundet?« fragte Iwan Iwanytsch, und ein unklarer Schmerz streifte ihn.

»O natürlich«, sagte der alte Mann, »wir saßen nebeneinander und haben alles geteilt.« Er schwieg eine Weile, trat von einem Bein aufs andere und sagte dann leise, aber fest: »Später allerdings hat er mich aus Georgien vertrieben ...«

Hier also hatte Fortuna beschlossen, zu ihrem heimtückischen Schlag auszuholen. Iwan Iwanytsch kam es so vor, als würden sich alle Gäste nach ihm umdrehen, doch das kam ihm nur so vor.

»Lassen Sie sich nicht die Laune verderben«, sagte der alte Mann, »das ist schon so lange her ... ich begreife alles ...«

»Siebenunddreißig wurde der Vater erschossen«, stieß Iwan Iwanytsch bedrückt hervor.

»Ich weiß doch, ich weiß«, rief der alte Mann hastig, »ich weiß alles ... Was gäbe es da noch aufzurechnen?« Und setzte lächelnd hinzu: »Vielleicht hat er mich sogar aus Georgien vertrieben, um mir das Leben zu retten? Alles möglich, nicht wahr?«

»Verzeihen Sie, verzeihen Sie«, sagte Iwan Iwanytsch mit fremder Stimme und trat auf die Straße. Dort ging neben einem luxuriösen weißen Cadillac Doktor Khomeriki auf und ab.

Die folgenden Tage waren ihm durch dieses Gespräch vergiftet. Die Schönheit von Paris war verblaßt. Es hatte sich herausgestellt, daß der strahlende Sieg seines Vaters im fernen 1921 eine grausame Ungerechtigkeit gewesen war. Iwan Iwanytsch sah in Gedanken die Anlegestelle in Poti, die hysterische Hektik der fliehenden Massen, die ihre gewohnte Würde verloren, während sich irgendwoher, vom Stadtrand, die aufgeputschten Kinder von Droschkenkutschern, Zimmerleuten und Waschfrauen näherten, geblendet von ihrer Überlegenheit, von einer primitiven, leicht faßbaren Idee, von Engstirnigkeit, die ihr Leitstern geworden war. Wer bin ich? überlegte Iwan Iwanytsch, während er völlig entkräftet über das Pariser Pflaster schlenderte, den Fuß über blauäugige, rotbraune, gutmütige Spaniels setzte, die auf den Bürgersteigen lagen. Wer bin ich? Etwa eine ganz gewöhnliche Null, die für weit zurückliegende Sünden ihrer Vorfahren büßt, welche daran glaubten, eine glückliche Zukunft zu errichten, und nicht begriffen, daß sie zur Rache an sich selbst und an ihren überheblichen und aufgeblasenen Nachkommen herausforderten? Mit ihnen, überlegte Iwan Iwanytsch, hat das Schicksal tatsächlich grausam abgerechnet, mit uns aber, mit mir – durch kleine Gemeinheiten. Es gibt keinen Grund, sich als Gott weiß wen darzustellen, dachte er. Ein gewöhnliches banales Opfer auf dünnen Beinen, das gedemütigt nach jämmerlichen Honoraren hascht und gewagt hat, sich einzubilden, es sei verdientermaßen ein Glückspilz. Und am liebsten hätte er sich aus den Wolken, inmitten derer er schwebte, auf den verborgenen Meeresboden herabgestürzt. Und er nahm sich vor, nicht so großspurig von sich denken wie noch vor ganz kurzer Zeit ... So versuchte er sich vor dem Gift zu retten, das sich bereits im Blut ausgebreitet hatte. Das Gift war ätzend. Ihn schwindelte.

Bei einer Begegnung mit Kirill Pomeranzew vertraute er sich ihm an. Der hob die Brauen und sagte mit bebender Stimme: »Ach, lassen Sie das alles, nicht doch. Das alles ist vergangen, blieb an einem anderen Ufer, in anderen Wäldern, inmitten fremder Birken.« Gramvoll wiegte er den Kopf, und immer, wenn er sich mit dünnen Fingern über die eingefallenen Wangen fuhr, lag darin etwas Trauriges, Vieldeutiges. »Ach nein, reden wir nicht darüber. All das ist keinen einzigen Augenblick unserer Erleuchtung, unseres Verständnisses füreinander wert. Sie fahren doch bald wieder nach Hause, ja? Schon morgen? Ach, morgen! Wie schnell alles vergeht! Auch Twardowski war einmal hier, wir haben zusammengesessen, und er war düster, stocknüchtern zwar, aber so traurig. Und Sie fahren also morgen ... Da müssen Sie natürlich für zuhause noch Mitbringsel kaufen, nicht?« sagte er im Weggehen. »Aber über jene Zeiten sollten wir nicht reden, nein, quälen Sie sich nicht. Alle haben bekommen, was ihnen zustand. Seien Sie nicht betrübt, steigern Sie sich nicht in Verzweiflung.«

Am Vorabend der Abreise beschloß Iwan Iwanytsch, einmal nicht hin und her zu hasten, sich nicht in Kleinkram zu verzetteln. Einkäufe konnte er noch am nächsten Morgen erledigen. Noch anderthalbtausend Francs lagen schwer in seiner Tasche, und dieser kleine glückliche Umstand gestattete ihm, träge zu sein, unabhängig, leichtsinnig und gütig. Und so begann der letzte Abend in Paris. Es regnete. Iwan Iwanytsch erblickte darin nichts Unheilverheißendes. Er wollte laufen. Durch Paris. Ohne Ziel. Schweigend. Er zog seinen alten Mantel an, nahm vorsorglich den Schirm mit dem bequemen Griff und ging hinaus. Die Beine trugen ihn von selbst irgendwohin in die Dämmerung, in den Nieselregen, durch das Stimmengewirr des Menschenstroms. Es war angenehm, sich als gewöhnlicher Pariser zu fühlen. Bei einem Straßenhändler kaufte er sich geröstete Kastanien und trug die Papiertüte feierlich wie eine Laterne in der Hand. Alles ringsum war bekannt und schon gewohnt. Vor den Eingängen der Nachtklubs drängten sich Anreißer. Sie packten herumschlendernde Touristen bei der Hand, aber nicht unverschämt, sondern freundschaftlich, und versuchten sie mit den Fotos vollbusiger Schönen in den Schaufenstern zu locken. Iwan Iwanytsch beachteten sie nicht, sie hielten ihn offenbar für einen Pariser, und das war angenehm.

Plötzlich verstärkte sich der Regen, und Iwan Iwanytsch beschloß, ihn unter dem erstbesten Dach abzuwarten, vielleicht einem Kino. Da stieß er auch schon auf den grell erleuchteten Eingang eines Filmtheaters, und irgendwelche bereits bekannten Merkmale verrieten ihm, daß hier Pornofilme gezeigt wurden. Zuerst fiel ihm ein, wie Kirill einmal die Miene verzogen und mit verächtlich gerunzelter Stirn gesagt hatte: »Pfui, das ist doch was für anspruchslose Touristen. Aber für Sie ...« Er schüttelte die Erinnerung ab und dachte, schließlich würde es nicht schaden, jener Kunst noch einmal näherzutreten, um das Thema endgültig abzuschließen. Nur der Wissenschaft wegen ... Er lachte in sich hinein. Zumal, überlegte er, während er an seinen ersten Besuch zurückdachte, jenes Filmtheater irgendwie gewöhnlich und offenbar drittklassig gewesen war, dieses aber war, nach allem zu urteilen, kein billiger Schuppen, und das Repertoire würde sicherlich auch besser sein. Er dachte über all das nach und geriet immer mehr in Glut, ohne wahrzunehmen, welch mystische Kraft sich hier mit abendlichen städtischen Farben maskierte, die sich leicht in den Lichtern der Reklame und im Regen auflösten. Und natürlich bemerkte er nicht, wie diese Kraft ihn am Ellenbogen vorwärtsstieß, ihm die Fersen verbrannte und hinter seinem Rücken lachte.

Äußerlich war er ruhig. Mit lässiger Geste zog er einen Schein aus der Tasche und reichte ihn ins Kassenfenster. Das Billett war sonderbarerweise übermäßig teuer. Er dachte, für die Abendvorführungen sei der Preis sicherlich höher. Das war auch gerecht. Schon wie ein Stammgast öffnete er die Tür und trat in den Saal, aber da war kein Saal. Da war ein ziemlich schmales Vestibül, und ein junger Mann im schwarzen Anzug mit Fliege verneigte sich freundlich vor ihm, sagte: »Bonsoir, Monsieur!« und wies mit akkurater Handbewegung auf eine Wendeltreppe, die in den ersten Stock führte. Dieses Vestibül statt eines Kinosaals und diese Treppe machten Iwan Iwanytsch stutzig. Bin ich denn hier richtig? dachte er. Mit einem höflichen Lächeln auf dem Moskauer Gesicht stand er vor der Treppe, in seinem alten Mantel, in seiner linken Armbeuge hing der Schirm, und in der rechten Hand hielt er die Tüte Röstkastanien. Der junge Mann rief etwas, und schon sah Iwan Iwanytsch, wie über die Wendeltreppe langsam, wie aus Wolken, feierlich und unerbittlich eine hochgewachsene, langbeinige Brünette herunterkam, ihm wie einem alten Freund zulächelte und etwas sagte, es auf französisch sagte, als sie aber sein verlegenes Gesicht sah, auch auf englisch, auf spanisch. Doch alles vergebens, und immerzu lachte sie so gütig, so abendlich. Bin ich denn hier richtig? dachte Iwan Iwanytsch wieder, nun schon beunruhigt. Dann überlegte er noch, er müsse weglaufen, aber er traute sich nicht – der Stolz ließ es nicht zu, und die Neugier war groß. War es denn vorstellbar – so eine Situation in Paris! Zudem war die vom Himmel herabgestiegene Schöne hinreißend. Trotz seiner Unruhe betrachtete er ihr Gesicht, und das nahm ihn gefangen, besonders die Augen: groß, schwarz und tief, und die Lippen: feucht, üppig und ein wenig spöttisch. Sie faßte ihn ungeniert unter und führte ihn nach oben. Unterwegs sprach sie ständig auf ihn ein und fragte ihn nach irgendwas. »Je ne comprends pas«, wiederholte er immer wieder das Auswendiggelernte, sie aber lachte nur verständnisinnig, redete weiter, und nach ihrer Intonation erriet er sogar, wovon sie redete. »Gefällt es dir hier?« – »Natürlich, und ob!« antwortete er nur mit den Augen. »Du magst solche Orte?« – »Je ne comprends pas ...« – »Na ja, ist auch nicht weiter wichtig ...«

Trotz ihres Wohlwollens war er sehr nervös: Er verstand nicht, wohin sie gingen. Nun waren sie oben, und fast von Sinnen vor Angst, erblickte Iwan Iwanytsch einen ziemlich großen Raum, vollgestellt mit Tischchen und Sesseln, vorn an der Wand aber war eine kleine Erhöhung, eine Art Bühne. Ein gewöhnlicher, völlig leerer Restaurantsaal, nichts Besonderes. Halbdunkel. Stille.

Seine Gefährtin hieß Nadine. Wie schön sie war! Iwan Iwanytsch machte sich natürlich keine Illusionen hinsichtlich ihres ermunternden Lächelns. Er bemerkte sogar eine gewisse Teilnahmslosigkeit, aber auch das änderte nichts daran: Nadine war wundervoll.

Geschickt führte sie ihn zu einem Tischchen unmittelbar vor der Bühne, bot ihm einen Platz an, setzte sich selbst neben ihn. Starke Wärme ging von ihr aus. Er legte die Tüte mit den Röstkastanien und eine Packung seiner »Prima«-Zigaretten auf den Tisch. Sie begann sofort lachend Kastanien zu knabbern, rauchte eine von seinen Zigaretten an, machte einen Lungenzug, legte die Stirn in Falten und fragte mit aufgerissenen Augen: »Marihuana?« Er beruhigte sie, so gut er konnte, und rauchte selber. Da tauchten aus dem Halbdunkel zwei Hände auf, zauberten zwei Gläser auf den Tisch und stellten einen Kübel aus glänzendem Metall dazu, in dem aus Eisstücken eine beschlagene Flasche Champagner ragte. Dieselben Hände öffneten augenblicklich die Flasche, und die Gläser füllten sich. »Monsieur«, rief

Nadine vielsagend und näherte ihr Glas dem seinen. »Madame«, sagte er leicht und einfach, und sie stießen an. Er trank sein Glas gierig aus, sie aber nippte nur an ihrem. Sofort goß die geheimnisvolle Hand aus der Flasche nach und stellte einen neuen Kübel mit einer neuen Flasche auf den Tisch. »Monsieur ...« – »Madame ...« Er trank wieder aus, sie aber nippte nur. Er berührte ihre Hände. Sie lachte leise und freundschaftlich auf.

Was ist schon Besonderes dran? Mitternacht. Champagner. Eine Frau. Halbdunkel ... In seinem Kopf drehte sich alles. Ich muß hier weg! dachte Iwan Iwanytsch, doch ihm fehlte die Kraft.

Auf die Bühne fiel mattes Licht. Von der Decke erklang schmachtende Musik. Zwei unbekannte Hände stellten einen neuen Kübel auf den Tisch, und da lag auch ein weißes Blatt Papier vor Iwan Iwanytsch. Er blickte darauf und begriff, sie hatten die Rechnung gebracht. Fast achthundert Francs! Mit zitternder Hand zählte er das Geld ab, steckte es in die geheimnisvollen Hände, und ein leise gehauchtes »Merci« ertönte an seinem Ohr. »Monsieur«, sagte Nadine mit fremder Stimme. Er drehte sich nach ihr um. Aber das war nicht Nadine, das war eine ganz andere, noch schönere Frau, eine Blondine. Sie hielt ihm ihr Glas entgegen und lächelte rätselhaft. »Und wo ist Nadine?« fragte er mit trotzigem Befremden. »Ich heiße Sophie«, erklärte die Unbekannte. »Madame!« stieß er mit trunkener Begeisterung hervor. Doch seine Besorgnis wuchs – und gerade das war schrecklich.

Die Musik wurde lauter. Auf der Bühne erschien eine Frau. Sie tanzte im Takt der Musik und warf ihre himmelblaue durchsichtige Jacke ab. Publikum gab es im Saal nicht, sie aber arbeitete bereits. Ihr war langweilig.

Während sie tanzte und sich allmählich auszog, wechselte sie mit Sophie einige Sätze. Iwan Iwanytsch verstand kein Wort, erriet aber nach der Intonation den Sinn. Es war ein träges, zu nichts verpflichtendes alltägliches Weibergeschwätz. Irgendwas über morgendliche Arbeiten, über den Alltag. Beispielsweise fragte Sophie: Kochst du ihm den Kaffee mit Schaum? – Nein, das mag er nicht, antwortete die Tänzerin. – Mein Jean will ihn unbedingt so, kannst du dir das vorstellen? Ei, Käse und Schaum ... – Na, das ist nicht das Schlimmste. Die Tänzerin lachte und warf noch ein Kleidungsstück ab. Allmählich hatte sie nur noch einen Slip an und einen durchbrochenen Büstenhalter. Iwan Iwanytsch war noch in der Lage wahrzunehmen, daß ihr Körper keineswegs mehr jung war und sie große Füße hatte. Da erklang es erneut: »Monsieur«. »Madame«, sagte er mit spröden Lippen. Und wieder warfen die gleichen geheimnisvollen Hände eine Rechnung auf den Tisch. Zwei kalte Augen blickten ihn aus dem Dunkel an. Er drehte sich nach Sophie um, aber an ihrer Statt saß da schon wieder eine andere und sagte entschieden: »Na los, zahl schon!« Das verstand er. Er zog Geld heraus und begann langsam zu zählen. »Na los, mach schon ...« befahl sie wieder viel zu hart. »Dumme Gans«, murmelte Iwan Iwanytsch. »Wie würdest du mit mir reden, wenn du mich in der ›Mutualité‹ gesehen hättest!« Er zählte das Geld mit starren Fingern ab und händigte es der Erscheinung aus. Ich muß hier weg, dachte er. Hinter seinem Rücken lachte jemand. Iwan Iwanytsch dachte, über ihn. Mit Mühe blickte er sich um. Jetzt saßen schon an vielen Tischchen Besucher, tranken und sahen auf die Bühne. Das Nachtleben hatte begonnen. Ein neuer Kübel mit Flasche schwebte überm Tisch. Ich muß hier weg! dachte

Iwan Iwanytsch wieder und erhob sich jäh. »Nein, nein, geh nicht: Bleib noch ein wenig bei mir!« So oder so ähnlich redete seine neue Dame auf ihn ein und packte ihn am Ärmel. Verführerisch blickte sie ihm in die Augen, aber ihr Gesicht gefiel Iwan Iwanytsch nicht. Er riß sich los. Wieder vernahm er Lachen. Ungeschickt rannte er zwischen den Tischen durch. Das Lachen hinter seinem Rücken wurde lauter. Mit Mühe gelangte er zum Ausgang. Er war im Mantel. Am linken Arm baumelte der Schirm. Er flog fast die steile Treppe hinab. Im Vestibül plauderte Nadine mit jemandem, vielleicht war es auch Sophie – sie bearbeiteten ein neues Opfer.

Er riß die Tür auf und stürzte auf die Straße. Es regnete. Er wühlte in den Taschen – Geld fand er keins mehr, nicht mal für ein Taxi. Also ging er zu Fuß, schnaubend und weinend, ob nun deshalb, weil Nadine alle seine Kastanien aufgegessen hatte oder weil er auf dem Tisch seine angebrochene Packung »Primas« vergessen hatte – schwer zu sagen.

1991

Nachwort

Zeugnis erlebter Geschichte

Der Leser möge mir verzeihen, wenn ich – um Okudshawas vorliegende Erzählungen in sein Gesamtwerk einzuordnen – von seinem jüngsten, deutsch noch nicht zugänglichen Roman ausgehe. Aber mit eben diesem aus der Sicht auf die eigene Kindheit den Vorfahren gewidmeten Werk entdeckt der Autor künstlerisch die Ursachen für Umstände, unter denen er – oder sein Iwan Iwanytsch – in einer aus heutiger Sicht »späteren Vergangenheit« Liedermacher wurde, die Gipfel seines Dichterlebens erklomm.

Wie aber soll ich diesen 1995 russisch erschienenen Roman mit seinem vieldeutigen Titel deutsch nennen? Vielleicht »Das abgewickelte Theater«? – »abgewickelt« wird freilich nicht so, wie die DDR-Bürger, zu Bundesbürgern geworden, diesen Begriff kennenlernten, abgewickelt wird eine Familienchronik (so die Genrebezeichnung), die bis in ihren letzten Satz das Bild einer zerstörten Gesellschaftsutopie vermittelt: »Nachts wurde sie abgeholt.« Sie – das ist Okudshawas Mutter, die in Moskau soeben zum neuen GPU-Chef Berija vorgedrungen war und von diesem schon vor Zeiten in Tbilissi gefürchteten gelegentlichen Gast der Familie die Zusage erhalten hatte, er würde sich sofort um den unter seinem Vorgänger Jeshow gewiß zu Unrecht verhafteten »Schaliko«, Okudshawas Vater, kümmern.

»Abgewickelt« in dieser meiner Titelinterpretation – russisch heißt der Roman »Uprasdnjonny teatr« – werden aber nicht nur »Papa« und »Mama«, die der Autor »von der Höhe unserer Tage« durch ihr wechselvolles und entbehrungsvolles Leben als ihrem Ideal hingegebene Kommunisten »nachsichtig« und doch schonungslos verfolgt: »Papa« in Funktionen bis zu einem Divisionskommissar, dann als 1. Parteisekretär in Tbilissi und später in einer Industriestadt hinter dem Ural, »Mama« als Partei-Instrukteurin. Ihr Lebensweg zieht sich wie ein roter Faden durch einen historischen Prozeß, der sich trotz aller Gegensätzlichkeiten in den Schicksalen der Nachfahren von Okudshawas georgischen und armenischen Großeltern samt ihren Familien – darunter der berühmte Dichter Galaktion Tabidse – und in den Schicksalen der zu ihnen in Beziehung geratenden Menschen von der Jahrhundertwende bis 1937 offenbart. Während sich das Verhängnis in Berufungen auf den »Seminaristen«, den »Popen von Gori« (Stalin), und auf »Lawrenti«, »den mit dem Zwicker« (Berija) kristallisiert (aber nicht verabsolutiert), folgen den heraufziehenden Tragödien geradezu seherisch – von einem Wandbild, aber die Nachfahren mit Schmerz und Befremden versengend – die Augen des 1916 mit einem Sprung in den Rioni aus dem Leben geschiedenen Großvaters Stepan.

Der Sohn von Schalwa und Aschchen, dreizehnjährig als Sohn von »Volksfeinden« Fragen ausgesetzt, die in Widerstreit mit der erworbenen Lebenssicht geraten, heißt im Roman freilich nicht Bulat, sondern Otar, Wanwantsch – auch wenn sich mitunter das »Ich« des Autors zu Wort meldet.

Nach ersten Gedichtveröffentlichungen seit 1953 war Okudshawa ab Ende der fünfziger Jahre als Liedermacher schnell populär geworden, obwohl er schon 1961 auch seine erste Erzählung »Mach's gut, Student ...« veröffentlichte, die prompt – wie es noch 1968 in der »Kleinen Literaturenzyklopädie« hieß – für die »infantile Psyche des Haupthelden kritisiert wurde« und ein ganzes Vierteljahrhundert nicht wieder gedruckt werden konnte. Indessen zeugte sie bereits von einer Okudshawas Gesamtwerk prägenden Konsequenz aus der Kriegserfahrung, die für ihn – wie für andere – zur Quelle von »Entdogmatisierung« geworden war (vgl. Lasar Lasarew in der Zs. »Snamja«, Nr. 6/1989); zudem kündigte sich schon darin Okudshawas Begabung zum Schelmenroman an, die er in den späteren Romanen auf eigene Weise entfalten sollte und die auch in den vorliegenden Erzählungen gegenwärtig ist.

Zunächst jedenfalls gewann Okudshawa mit seinen Erfahrungen, Gefühle, Träume unzähliger Menschen ansprechenden, sich wie der Wind über das ganze Land ausbreitenden Liedern solch legendären Ruhm, daß er später auf Begegnungen mit Lesern Mühe hatte, sich als Prosaist durchzusetzen – eine Gitarre hielt man immer schon bereit. Mit welcher Meisterschaft aber hat er nun, als erfahrener Romancier und Erzähler, der immer auch Gedichte geschrieben hat, anhand jenes autobiographischen Stoffes »ein Zeitalter besichtigt«! Auch wenn der Autor hinter die Gestalt des Iwan Iwanytsch zurücktritt – den Zauber, der von Okudshawas Liedern ausging: ob zu Hause, ob in Berlin, in München, Paris, London, also »hüben« wie »drüben«, und drüben insbesondere für Emigranten, kann niemand besser erklären, als er es für Iwan Iwanytsch tut.

Es hatte in der BRD wie der DDR schon erste Versuche gegeben, Okudshawa nachzudichten, als ich um die Mitte der sechziger Jahre Gelegenheit erhielt, ihn in Moskau zum ersten Mal selbst zu hören. Die Dichterin Rimma Kasakowa hatte ihn hinzugeladen, als ich bei ihr zu Gast war – einige Jahre, ehe sie auf meinen Vorschlag für »Volk und Welt« den Spektrumband »Russische Songs« herausgab, zu dem es ohne Okudshawas Liedern kaum gekommen wäre. Okudshawas erste Vortragsabende 1976 in Berlin (DDR) erinnerten, was die Publikumsresonanz betrifft, an seine Aufnahme durch russische Zuhörer. Daß unzählige der hiesigen Teilnehmer bis heute eine innere Beziehung zum »Palast der Republik« haben, liegt nicht zuletzt an ihren dortigen Begegnungen mit kritischen Autoren aus der Sowjetunion wie Aitmatow, Jewtuschenko, Simonow, Tendrjakow, Trifonow ... Ihre »anderen Stimmen« aus der UdSSR fanden bei denen, die eine »andere DDR« suchten, statt der »Verführung« durch die Alternative BRD nachzugeben, hellwache Ohren (vgl. Peter Benda: Die »Neue Ostpolitik« und ihre Folgen, München 1995). Bei Okudshawa waren sogar alle Stufen der zur Galerie führenden Treppe dicht besetzt. Nur von einer Art Nacherzählungen der Texte unterstützt, erreichte Okudshawa seine Zuhörer so gut wie ohne Sprachbarrieren.

Die Schwierigkeit, nahezu Unmöglichkeit, Okudshawas Lieder nachzudichten, rührt indessen daher, daß sie – als vertrauensvolles Gespräch des Autors mit seinen Zuhörern, denen sich die kleinste Andeutung erschließt – bei Wortwahl und Intonation kein gekünsteltes Detail dulden, keine Inversion, keinen erzwungenen Reim. Wie begegnet man als sein fremdsprachlicher Herausgeber diesen Herausforderungen? In meinem Okudshawa-

Buch »Romanze vom Arbat« trat ich zu DDR-Liedermachern, die poetisch möglichst adäquate, auch singbare Nachdichtungen schaffen sollten, in Konkurrenz, indem ich auf Grund jener Erfahrung Nacherzählungen schuf, die sie – von Formzwängen frei – atmosphärisch und bis in Nuancen erschließen sollten. Die Rezensenten-Reaktion reichte beim Vergleich mit den Nachdichtungen von »peinlich« (Eulenspiegel, 8/1987) bis »dem Geist des Poeten, seinem Atem am nächsten« (Sinn und Form, 3/1987). Zu dem Problem, ein Gedicht nicht so in eine andere Sprache übertragen zu können, »daß der poetische Charakter darin adäquat zum Ausdruck gelangt«, hat sich übrigens Johannes R. Becher in seinem Buch »Poetische Konfession« geäußert, sich als Dichter dazu bekennend, daß man gegebenenfalls »über ein Gedicht schreiben«, es »beschreiben«, viele Gedichte »auch nacherzählen« kann …

Während Okudshawas Ruhm als Liedermacher um die Welt ging, veröffentlichte er 1969 seinen ersten historischen Roman: »Der arme Awrossimow«. Auf eigene Art reflektiert er eine Staatsaffäre – den Prozeß gegen Pawel Pestel, den später gehenkten intellektuellen Kopf einer Erhebung von Adligen im Dezember 1825 gegen den Zarismus (»Dekabristen«) – durch die Wahrnehmungen des »Schreibers bei der Höchsten Untersuchungskommission«, durch dessen Bewußtseinsentwicklung und – sich in Wachträumen, Halluzinationen äußernde – Bewußtseinsspaltung, worin sich auf ungewöhnliche Weise ein Zeitbild offenbart. Die Erzählersicht aus der Zeit nach der Aufhebung der Leibeigenschaft 1861, mit der ein Teil der Forderungen Pestels erfüllt wurde, relativiert zeitgenössische Urteile über den »Bösewicht, Unglücklichen, Propheten, Räuber ... würdig der grausamsten Exekution und der höchsten Ehrfurcht«.

Von Roman zu Roman entwickelte Okudshawa seinen originären Stil, diese seine Sicht »von unten« auf historische Vorgänge, indem er – mit der Erfahrung von heute Gogols, Dostojewskis Erbe erneuernd – den »kleinen Mann« zu ihnen in Beziehung setzt, Tragik, Phantastik und Groteske aus der Realität ableitet.

»Merci oder Die Abenteuer Schipows« (1971) verallgemeinert künstlerisch als »altväterliches Vaudeville«, was schon in der Wirklichkeit zu einer Farce geraten war: die 1862 in einer Haussuchung gipfelnde Observierung des von der Reformunfähigkeit des Zarenreichs enttäuschten Lew Tolstoi, wobei die »staatsmännische« Besorgtheit der Minister und Gendarmeriechefs vor allem von dem als Polizeispitzel eingesetzten »emanzipierten«, leichtlebigen Schipow konterkariert wird. Tolstois Protestbrief an den Zaren, nachdem der Schriftsteller fast bis zum Romanende den Vorgängen eigenartig entrückt war, schließt den Bogen über die gesamtgesellschaftliche Szenerie.

Auf eigenartige Weise kehrt »Die Reise der Dilettanten« (1976–1978) den Blickwinkel um, unter dem der 1841 im Duell getötete Dichter Michail Lermontow seine Zeit als Zeit der »überflüssigen Leute« diagnostiziert hat. Wenn es in einem seiner Gedichte heißt: »Und lieben – doch wen denn ... Das Leben, nüchtern betrachtet, ist solch hohler und dummer Scherz«, so rückt Okudshawa die Geschichte einer Liebe ins Zentrum seines Romans, die nicht nur Konventionen, sondern sogar dem von seinem Spitzelsystem getragenen Regiment des Zaren Nikolaus I. trotzt. Romantisch – aber nicht utopisch – hebt sich der Ausbruch der »Dilettanten« in die Welt ihrer inneren Freiheit von einer Welt ab, in der nach den Worten des fiktiven Erzählers die »Mikrobe des Knechtsinns« das Menschengeschlecht zerfrißt.

Durch die »Begegnung mit Bonaparte« (1983) schließlich zieht sich – während Napoleons Rußlandfeldzug russische, österreichische, französische Akteure zwingt, ihre Positionen abzustecken – wie ein roter Faden das geistige Ringen um die Lösung des auf Leibeigenschaft beruhenden Gegensatzes zwischen Sklaven und Herrn in Rußland – angestoßen durch die französische Revolution, bezogen auch auf den Dekabristenaufstand. »Muß man die Herren töten, um die Sklaven zu befreien?«

Sämtliche historischen Romane Okudshawas eröffnen dem Leser die Sicht auf eine Welt, die hinsichtlich der menschlichen Beziehungen gar nicht vergangen scheint. Es ist verblüffend, wie der Autor – während er seinen Werken jedesmal dokumentierte Realitäten zugrunde legt – durch eine »Synthese von historischem Roman, Groteske und Märchen« sein Geschichtsverständnis in Szene setzt: »In meinen Versen habe ich über mein eigenes Leben geschrieben, in meinen historischen Romanen setze ich dies fort.« (Vgl. Ralf Schröders Nachworte zu den Ausgaben von Volk und Welt, Berlin.)

Kein Wunder, daß auch Okudshawas Prosa auf Widerstände stieß. In die Tagung einer gemischten verlegerischen Kommission von DDR und UdSSR in Ufa (Baschkirien) wurde sogar ein sowjetisches Veto gegen die vorbereitete deutsche Ausgabe von »Merci« hineingedrückt – von außerhalb, im Plenum von den sowjetischen Partnern nicht ausgesprochen und den DDR-Teilnehmern vertraulich durch deren Ko-Vorsitzenden mitgeteilt. Der Grund war sicher die Bespitzelung Tolstois als zentrale Romanintrige. Am Abend brachte dann ein Mitglied unserer Gruppe einen sarkastischen Trinkspruch auf ein Zitat aus (vermutlich von Lenin), das groß an der Frontseite eines öffentlichen Gebäudes von Ufa prangte: »Wir sind stark, wenn die Werktätigen alles wissen, über alles selbst urteilen können.« (So sinngemäß nach dem Gedächtnis.)

Die deutsche Übersetzung von »Merci« veröffentlichten wir mit einiger Verzögerung doch. Im übrigen war Okudshawa auch mit Schipow, dem Haupthelden von »Merci«, der Sowjetzeit in gewisser Weise voraus: »Überlegen Sie, c'est très bien, was man mit Geld alles machen kann!«

Es fehle ihm die Gabe, über unmittelbar Erlebtes zu schreiben, sagte mir Okudshawa in dem »Gespräch«, das in den Band »Romanze vom Arbat« einging. Aber die vorliegenden Erzählungen erwuchsen aus seiner vor allem seit Mitte der siebziger Jahre intensivierten Aufarbeitung des Selbsterlebten. Während er beschreibt, wie er mit Forderungen konfrontiert wurde und in Konflikte geriet, untersetzt Okudshawa sein »Ich« mit Selbstironie, schafft damit einen hintergründigen Resonanzboden, der das scheinbar Lächerliche umwertet, es mit gesellschaftskritischen, tragischen Tönen überlagert. Welch kaum faßbares Erleben der aus zehn Jahren Lagerhaft zurückgekehrten Mutter kommt unausgesprochen darin zum Ausdruck, wie der Erzähler sie vergeblich mit dem Besuch eines Films zu beglücken sucht, den er schon fünfzehnmal hingerissen gesehen hat! (»Frau meiner Träume«, 1985.) Die Ironie relativiert das »Ich«, das mitunter sogar als »Er« verfremdet wird, wie umgekehrt in den vorliegenden Erzählungen das »Er« für Iwan Iwanytsch vom gelegentlichen »Ich« »autorisiert« wird.

»... heute verstehen wir das alles ... betrachten es gleichsam als historischen Fakt und vergessen zuweilen sogar ... daß wir selbst Beteiligte dieser Ereignisse waren«, schreibt Okudshawa in »Frau meiner Träume«. Mittlerweile haben sich die gesellschaftlichen Umstände grundlegend verändert. Zensur ist kein Problem mehr, Okudshawas Bücher erscheinen unter neuen, marktwirtschaftlichen Schwierigkeiten – die Originalausgabe vorliegender Erzählungen brachte eine sehr kurzlebig gewesene Reihe des russischen PEN, der eingangs besprochene Roman nennt in der Titelei einen Sponsor aus der Wirtschaft.

Iwan Iwanytsch (der typisch russische Name verweist auf seine Zugehörigkeit zur russischen Kultur), hinter dem »eigentlich« Otar Otarytsch steht (so hieße er als typischer Georgier), erzeugt mittels doppelt, wenn nicht dreifach gebrochener Sicht einen neuen Grad der Verfremdung, der künstlerischen Verallgemeinerung autobiographischen Stoffes. Die gesellschaftliche Realität, Vorgänge und insbesondere Poeten aus dem Umfeld bleiben dabei unchiffriert. Von Jewgeni Jewtuschenko, Andrej Wosnessenski (Andrjuscha) und anderen, jüngeren, die damals als Sterne aufstiegen, bis zu Jaroslaw Smeljakow oder Sergej Narowtschatow begegnen uns reale Dichterpersönlichkeiten. Interessant ist, daß Lasarew das Bezugssystem für Okudshawas poetologischen Standort nicht in jenen Erstgenannten sieht, sondern in dem Dichter Boris Sluzki und – um die hierzulande bekannteren zu nennen – in den Prosaisten Wassil Bykau und Wladimir Bogomolow, d. h. »ehemaligen Soldaten und Leutnants der vordersten Frontlinie« des Zweiten Weltkriegs – »meiner Zeit«, wie Okudshawa selbst in einem seiner jüngsten Gedichte schreibt.

Okudshawa starb – auf einer letzten Lesereise, die über Marburg und München geführt hatte – am 12. Juni 1997 in Paris.

Berlin/Prenden, Sommer 1997 *Leonhard Kossuth*

Bibliographie deutscher Ausgaben von Bulat Okudshawa

(Nur Erstauflagen, keine Lizenzausgaben)

1. Gedichte und Lieder

Ausgewählte Gedichte. Übersetzerin: Mary v. Holbeck. Paralleldruck deutsch und russisch. Frankfurt/M.: Possev-Verlag 1965.

Gedichte und Chansons. Übersetzer: Alexander Kaempfe und Gerhard Schindele. Deutsch und russisch. Nachwort: Alexander Kaempfe. München: Kindler 1969. (2 Schallplatten-Beilagen)

Der fröhliche Trommler: Lieder, Chansons, Balladen. Übersetzer: Walter Fischer. Ahrensburg, Paris: Damokles-Verlag 1969.

[Gedichte]. Poesiealbum 94. Herausgeber: Bernd Jentzsch. Auswahl: Herbert Krempien. Übersetzer: Heinz Czechowski, Adolf Endler, Jens Gerlach, Rainer Kirsch, Sarah Kirsch, Herbert Krempien, Heiner Müller und Gisela Steineckert. Berlin: Verlag Neues Leben 1975.

Romanze vom Arbat: Lieder, Gedichte. Herausgeber.: Leonhard Kossuth. Nacherzählungen des Herausgebers; Nachdichter: Werner Bernreuther, Kurt Demmler, Joachim Christian Rau, Martin Remané, Regina Scheer; Adaptionen von Adolf Endler; Interview des Herausgebers mit dem Autor; Notationen der Melodien und Begleitfiguren: Dieter Beckert und Karl-Heinz Schulz unter Mitarbeit von Anton Okudshawa. – Zweisprachige Ausgabe. – Berlin: Verlag Volk und Welt 1985. (Mit Schallplatte)

2. Romane und Erzählungen

Mach's gut. Erzählung. Übersetzer: Ludwig Zimmerer. Berlin: Henssel 1963.

Der arme Awrosimow. Übersetzer: Aggy Jais. München, Berlin: Herbig 1970. - *Der arme Awrossimow oder Die Abenteuer eines Geheimschreibers.* Roman. Übersetzer: Thomas Reschke. Nachwort: Ralf Schröder. Berlin: Verlag Volk und Welt 1971. (2., überarbeitete Auflage 1978)

Die Erlebnisse des Polizeiagenten Schipow bei der Verfolgung des Schriftstellers Tolstoj. Übersetzer: Aggy Jais. München, Berlin: Herbig 1974. – *Merci oder Die Abenteuer Schipows.* Historischer Roman. Übersetzer: Thomas Reschke. Nachwort: Ralf Schröder. Berlin: Verlag Volk und Welt 1981.

Die Reise der Dilettanten. 1. Petersburg. Roman. Übersetzer: Alexander Kaempfe. München: Bertelsmann 1978; *2. Die Flucht.* Übersetzer: Alexander Kaempfe. Ebenda 1979. – *Die Reise der Dilettanten/Aus den Aufzeichnungen des Oberlieutenants im Ruhestand Amiran Amirachwili.* Historischer Roman. Übersetzer: Thomas Reschke. Nachwort: Ralf Schröder. Berlin: Aufbau-Verlag 1981.

Begegnung mit Bonaparte. Historischer Roman. Übersetzer: Thomas Reschke. Nachwort: Ralf Schröder. Berlin: Verlag Volk und Welt 1986.

Entzückende Abenteuer: russisch-deutsch: Materialien für den Russischunterricht. Zusammengestellt und kommentiert von Bernd Südkamp. Hamburg: Buske, 1989. (Hamburger Beiträge für Russischlehrer, Band 37)

Frau meiner Träume. Wahre Geschichten. Übersetzer: Antje Leetz und Jürgen Schlenker. Berlin: Verlag Volk und Welt 1991. (Dasselbe im Blindendruck. Band 1/Band 2, 1995)

Personenverzeichnis

Kommentiert, auf Mindestangaben beschränkt, im Klartext benannte Personen (in Klammern – vorkommende Koseformen). Zusätzliche Namen aus dem Nachwort – hier nur aufgeführt, wenn sie direkt in Beziehung zum Autor stehen – sind mit einem Sternchen gekennzeichnet. Mit Kurzhinweisen auf deutsche Ausgaben; sofern keine Sammelausgabe vorliegt, wird in der Regel die erste Einzelausgabe genannt. Soweit bei Dichtern Einzelausgaben nicht vorliegen, sind Texte vielfach in Anthologien russischer Lyrik zu finden. Sonstige Anmerkungen liefern Fußnoten zu den drei Erzählungen.

Die Erzählungen, die der Autor keineswegs als Memoiren verstanden wissen will, enthalten auch fiktive Namen (zum Beispiel Arnold Lotkow, Filin; desgleichen vorsätzlich nur mit Vornamen bedachte Gestalten wie Boris Alexandrowitsch, Edik, Viktor); das schließt nicht aus, daß auch sie für reale Personen stehen.

Achmadulina, Bella – russ. Dichterin, geb. 1937; »Musikstunden«, Berlin 1974.

*Aitmatow, Tschingis** – kirgisischer, von Frühwerken abgesehen russisch schreibender Prosaiker, geb. 1928; deutsche Ausgaben seiner sozialkritischen Werke seit 1962.

Allilujewa, Swetlana – Tochter Stalins, geb. 1924, 1962 in die USA ausgereist; »20 Briefe an einen Freund«, Wien 1967.

Antokolski, Pawel – russ. Dichter, schrieb auch Prosa, Märchen, Essays; 1896–1978.

Barron, John – US-amerik. Journalist, geb. 1930; »KGB. Arbeit und Organisation des sowjetischen Geheimdienstes in Ost und West«, Bern – München 1975.

Berdjajew, Nikolai – russ. Philosoph, 1874–1948; 1922 aus Sowjetrußland ausgewiesen, gründete in Paris eine »Religionsphilosophische Akademie«.

Berija, Lawrenti – sowj. Politiker, 1899–1953 (hingerichtet); unter Stalin zuletzt Chef des KGB (Komitee für Staatssicherheit).

*Bogomolow, Wladimir** – russ. Schriftsteller, geb. 1924; »Leuchtspur über den Strom« (»Iwan«), Berlin 1960; »August 44«, Berlin 1977.

Breshnew, Leonid – sowj. Politiker, 1906–1982; führend am Sturz Chruschtschows beteiligt, dann von 1964 bis zum Tod Erster (General-) Sekretär der KPdSU.

*Bykau, Wassil** – beloruss. Prosaiker, geb. 1924; deutsche Ausgaben seit 1964, eine zweibändige Sammlung »Novellen« Berlin 1976.

Cachin, Marcel – französischer Arbeiterführer, 1869–1958; Mitbegründer der Kommunistischen Partei.

Chramow, Jewgeni (Shenja) – russ. Dichter, geb. 1932.

Daniel, Juli – russ. Dichter und Prosaiker, 1925–1988; nach Veröffentlichungen unter dem Pseudonym Nikolai Arshak im Ausland zu fünf Jahren Haft verurteilt (gemeinsam mit Andrej Sinjawski); deutsche Ausgaben seit 1967.

Denikin, Anton – russ. General, 1872–1947; kommandierte 1918 bis 1920 eine russ. Freiwilligenarmee gegen die Bolschewiki, seit 1920 im Exil.

*Dostojewski, Fjodor** – russ. Prosaiker, 1821–1881; »Gesammelte Werke« in 20 Bänden, Berlin 1980–1990.

Duclos, Jacques – führender Politiker der französischen Kommunistischen Partei, 1896–1975.

Dudinzew, Wladimir – russ. Prosaiker, geb. 1918; »Der Mensch lebt nicht vom Brot allein«, Hamburg 1957 (vieldiskutierter »Tauwetter«-Roman).

Dunajewski, Isaak – sowj. Komponist von Operetten und Massenliedern, 1900–1955; schrieb u. a. die Musik zum Film »Kubankosaken« (1950).

*Gogol, Nikolai** – russ. Prosaiker und Dramatiker, 1809–1852; »Gesammelte Werke« in 6 Bänden, Berlin 1968–1977.

Gumiljow, Nikolai – russ. Dichter, 1886–1921; war 1914–1918 mit Anna Achmatowa verheiratet, 1921 unter dem Vorwurf konterrevolutionärer Tätigkeit erschossen, 1986 rehabilitiert; »Ausgewählte Gedichte«, Berlin 1988.

*Jeshow, Nikolai** – sowj. Politiker, 1895–1939; während eines Höhepunkts stalinistischen Terrors in den dreißiger Jahren Volkskommissar des Inneren (NKWD).

Jewtuschenko, Jewgeni (Shenja) – russ. Dichter und Prosaiker, geb. 1933; zahlreiche deutsche Lyrik- und Prosa-Ausgaben seit 1962.

Kappel, Wladimir – russ. General, 1881–1920; befehligte im Bürgerkrieg antibolschewistische Streitkräfte.

Kasakowa, Rimma – russ. Dichterin, geb. 1932; Herausgeberin von »Russische Songs«, Berlin 1972; »Poesiealbum« 176, Berlin 1982.

Kirsanow, Semjon – russ. Dichter, 1906–1972.

*Lasarew, Lasar** – russ. Literaturkritiker, geb. 1924.

*Lermontow, Michail** – russ. Dichter, Erzähler, Dramatiker, 1814 bis 1841; »Ausgewählte Werke« in zwei Bänden, Berlin 1987.

Lewitanski, Juri – russ. Dichter, geb. 1922.

Louis, Viktor (eig. Vitali Lui) – geb. 1928; lt. John Barron (s. o.) der »berühmteste KGB-Agent für Desinformation«.

Nabokov, Wladimir – Prosaiker, Dichter russ. Herkunft, 1899–1977; emigrierte 1919; »Gesammelte Werke« I-XXIII, Reinbeck 1989.

Narowtschatow, Sergej (Serjoga) – russ. Dichter, 1919–1981; von 1974 bis zum Tod auch Chefredakteur der Zeitschrift »Nowy mir« (»Neue Welt«).

Naiman, Anatoli (Tolja) – russ. Dichter, Prosaiker, Memoirenschreiber; Literaturwissenschaftler, geb. 1936.

Owalow, Lew – Prosaiker, 1905–1997; nach Lagerhaft 1941 bis 1956 vor allem mit Kriminalromanen bekannt geworden; deutsch u. a. »Der Messingknopf«, Berlin 1959.

Pawlow, Sergej – sowj. Politiker, geb. 1929; Funktionär des Moskauer, später des gesamtsowjetischen Komsomol (1. Sekretär 1959–1968).

*Pestel, Pawel** – russ. Offizier, führender Kopf der Dekabristen, 1793–1826 (für die Teilnahme am Dekabristenaufstand hingerichtet).

Rejn, Jewgeni – russ. Dichter, geb. 1935; Mitautor des ohne Genehmigung publik gemachten und dann in den USA nachgedruckten Almanachs »Metropol«.

Robel, Léon – frz. Hochschullehrer (Slawist), Schriftsteller, Essayist, Übersetzer russ. Literatur, geb. 1928.

Sacharow, Andrej – russ. Atomphysiker, Bürgerrechtler, 1921 bis1989; Friedensnobelpreis 1975; deutsch u. a.: »Wie ich mir die Zukunft vorstelle/Gedanken über Fortschritt, friedliche Koexistenz und geistige Freiheit«, Zürich 1969.

Samoilow, David – russ. Dichter, 1920–1990.

Schulshenko, Klawdija – Estradenkünstlerin, Sängerin, geb. 1906.

Simonow, Konstantin – russ. Dichter, Prosaiker, Dramatiker, 1915–1979; hohe Funktionen, zweimal auch Chefredakteur der Zeitschrift »Nowy mir« (»Neue Welt«); deutsche Ausgaben seit 1947.

*Sluzki, Boris** – russ. Dichter, 1919–1986.

Smeljakow, Jaroslaw – russ. Dichter, 1913–1972; verbrachte 1934–1937 im Lager.

Solshenizyn, Alexander – Prosaiker, geb. 1918; als Kriegsteilnehmer 1945 verhaftet, bis 1953 im Lager; 1956 rehabilitiert; 1974 aus der UdSSR ausgewiesen, zurückgekehrt 1991; deutsche Ausgaben seit 1963.

Stalin, Jossif – erstmalig 1922 zum Generalsekretär des Zentralkomitees gewählt, bis zum Tod maßgeblicher Führer der KPdSU und der UdSSR, 1879–1953.

Suslow, Michail – sowj. Politiker, 1902–1982; Politbüromitglied seit 1966, Chefideologe.

Swetlow, Michail – russ. Dichter, 1903–1964.

*Tabidse, Galaktion** – georgischer Dichter, 1892–1959; »Poet's Corner« 6, Berlin 1991.

*Tendrjakow, Wladimir** – russ. Prosaiker, 1923–1984; deutsche

Ausgaben seiner die Konflikte sozial-ethisch zuspitzenden Werke seit 1956.

Thorez, Maurice – französischer Politiker, von 1930 bis zum Tod Generalsekretär der französischen Kommunistischen Partei, 1900–1964.

*Tolstoi, Lew** – russ. Schriftsteller, 1828–1910; »Gesammelte Werke« in zwanzig Bänden, Berlin 1965–1981.

*Trifonow, Juri** – russ. Prosaiker, 1925–1981; international vor allem durch sozialkritische Werke bekannt geworden; deutsche Ausgaben seit 1952, »Ausgewählte Werke« in vier Bänden, Berlin 1983.

Trotzki, Lew – russ. Revolutionär und Politiker, 1879–1940 (ermordet); im Machtkampf gegen Stalin unterlegen, 1929 aus der UdSSR ausgewiesen; deutsche Ausgaben u. a.: »Mein Leben« 1929, »Stalin« 1952.

Twardowski, Alexander – russ. Dichter, 1910–1971; Chefredakteur der Zeitschrift »Nowy mir« (»Neue Welt«) 1950 bis 1954, nach Absetzung erneut 1958–1970, verlieh der Zeitschrift hohe Autorität; deutsche Ausgaben seit 1954.

Utjossow, Leonid – Estradenkünstler, Dirigent, Sänger, geb. 1895.

Wigel, Filipp – russ. Memoiren-Autor, 1786–1856; Vizegouverneur von Bessarabien, Stadtoberhaupt von Kertsch.

Wlassow, Andrej – sowj. General, 1900–1946 (in Moskau hingerichtet); stellte – 1942 in deutsche Gefangenschaft geraten – eine »Russische Befreiungsarmee« auf.

Woroschilow, Kliment – sowj. Politiker, Marschall der Sowjetunion, 1881–1969; war zeitweilig Staatsoberhaupt der Sowjetunion.

Wosnessenski, Andrej (Andrjuscha) – russ. Dichter, geb. 1933; in der »Tauwetter«-Periode bekannt geworden; deutsche Ausgaben seit 1963.

Wrangel, Peter – russ. General, 1878–1928 (in Brüssel); befehligte im Bürgerkrieg antibolschewistische Streitkräfte.

AtV

Band 1281

Marina Vlady

Eine Liebe zwischen zwei Welten

Mein Leben mit Wladimir Wyssozki

252 Seiten
ISBN 3-7466-1281-0

Er war ein Mythos der Rebellion im Rußland der siebziger und achtziger Jahre: Wladimir Wyssozki, Dichter, Schauspieler, Liedermacher, geliebt vom Volk, das seine Gedichte schwarz kopierte, beargwöhnt von den Regierenden, die ihn lange Zeit nicht außer Landes ließen. Auf einem Moskauer Filmfestival begegnet er Marina Vlady, der blonden Schönheit des französischen Films. Die Geschichte seiner politisch dramatischen wie in ihren menschlichen Konflikten bewegenden Ehe mit der prominenten Diva aus der anderen Welt, in die er nicht durfte und nicht konnte, erschüttert wie kaum sonst ein Tatsachenbericht zu diesem Thema – eben weil die beiden Beteiligten nicht namenlos, sondern große Künstler waren.

AtV

Band 107 **Grigori Kanowitsch**
Kerzen im Wind

Roman

Aus dem Russischen von Waltraud Ahrndt

635 Seiten
ISBN 3-7466-0118-5

In einen Vogel möchte sich der jüdische Waisenjunge Daniel verwandeln. Dann flöge er über den litauischen Marktflecken, über die katholische Kirche und die Synagoge. Dann brauchte er nicht mehr länger auf dem Friedhof zu wohnen, brauchte nicht Totengräber zu werden, wie sein Vormund. Daniel möchte lernen wie die anderen Kinder, möchte die Welt sehen. Aber immer hindert ihn etwas, fortzugehen. Ganz unerwartet kommt der Tag, da er Abschied nehmen muß, doch es ist kein fröhlicher Abschied: Gemeinsam mit den anderen Juden des Ortes begibt sich Daniel auf den Weg ins Ungewisse.

AtV

Band 173 **Grigori Kanowitsch**

Tränen und Gebete der Einfältigen

Historischer Roman

Aus dem Russischen von Waltraud Ahrndt

339 Seiten
ISBN 3-7466-0178-9

1863. In einem litauischen Marktflecken taucht ein merkwürdiger Mann auf, der sich als Sendbote Gottes ausgibt. Er sammle, so sagt er, alle Sünden der Juden, um sie am Tag des Jüngsten Gerichts vor Gott auszubreiten. Eine geheimnisvolle Kraft geht von diesem Mann aus. So wird der Fremde zur Verkörperung alles Unterdrückten, Vermißten, Ersehnten.